民族体育运动汇编

龙舟运动

主　编　谷小兵

副主编　金　涛　王洪宇

参　编　王竞瑶　金　松

上海交通大学出版社
SHANGHAI JIAO TONG UNIVERSITY PRESS

图书在版编目（CIP）数据

民族体育运动汇编 / 谷小兵主编. -- 上海：上海
交通大学出版社，2025.6. -- ISBN 978-7-313-32861-8
Ⅰ. G852-9
中国国家版本馆CIP数据核字第20255L5131号

民族体育运动汇编

MINZU TIYU YUNDONG HUIBIAN

主　　编：谷小兵
出版发行：上海交通大学出版社　　　　　　地　　址：上海市番禺路951号
邮政编码：200030　　　　　　　　　　　　电　　话：021-64071208
印　　制：常熟市文化印刷有限公司　　　　经　　销：全国新华书店
开　　本：710mm×1000mm　1/16　　　　印　　张：17.75
字　　数：238千字
版　　次：2025年6月第1版　　　　　　　　印　　次：2025年6月第1次印刷
书　　号：ISBN 978-7-313-32861-8
定　　价：99.00元

前　言

　　龙舟运动有着悠久的历史，是中国传统文化的瑰宝之一。龙舟运动不仅可以强健民众的体魄，而且是传承和发扬我国传统文化的重要方式。普及和推广龙舟运动，既可以提升参与者的身体素质，也可以让参与者在运动中切身体验龙舟文化的魅力。本书主要介绍龙舟运动的理论知识和运动技法，旨在帮助读者更好地了解、参与龙舟运动，通过龙舟运动体验中华传统文化、强身健体。

目　录

第一章

龙舟与龙舟运动

龙舟运动是我国传统运动之一，其发展历史源远流长。在长期发展过程中，不同地区在龙舟的形制、使用的器材、参与龙舟运动的人员编制方面演化出了自己的特色。然而，龙舟运动要想走向标准化，就需要对运动器材、参与人员进行一定的规范。本章主要介绍龙舟运动的起源以及当代龙舟运动的主要器材。

第一节 概　述

　　所谓"龙舟"是做成龙形或刻有龙纹的船只。龙舟通常由杉木制成，狭长、细窄，船头安装上龙头，船尾装饰成龙尾，船身、桡片画上龙纹。龙头的颜色有红、黑、灰等色，一般以木雕成，加以彩绘（也有用纸扎、纱扎的）；龙尾多用整木雕，上刻鳞甲。除龙头龙尾外，龙舟上还有锣鼓、旗帜或船体绘画等。例如，广东顺德龙舟一般饰有龙牌、龙头龙尾旗、帅旗，上绣对联、花草等，还有绣满龙凤、八仙等图案的罗伞。一般龙舟没有这么多的装饰，多饰以各色三角旗、挂彩等。龙舟的船底为平底，两头上翘，上翘的幅度大于船体的吃水深度。龙舟的船体呈梭子形，这是为了在竞渡时直接挡水。我国各地的龙舟大小和桡手人数也不尽相同。广州黄埔一带的龙舟，长33米，桡手80人。南宁龙舟长20多米，桡手约五六十人。湖南汨罗龙舟则长16—22米，桡手24—48人。福建福州龙舟长18米，桡手32人。

　　关于龙舟的由来，历史学家们先后提出了很多种说法，但一般认为，端午节赛龙舟，是为了纪念伟大的爱国主义诗人屈原。时至今日，赛龙舟的民俗已逐步发展为龙舟运动。中国龙舟协会对龙舟运动的定义是：龙舟运动是一项众多划手依靠单片桨叶的划桨作为推进方式，运用肌肉力量向船后划水，推动舟船前进的运动（见图1-1）。随着龙舟运动的蓬勃发展，《龙舟竞赛规则》《龙舟竞赛裁判法》等运动规则也陆续出台、完善，进一步推动了龙舟运动在全国各地的传播和普及。北京、天津、上海、湖北、江苏、广东、陕西、吉林等20多个省、直辖市均常年开展龙舟运动，其中有些省、直辖市还成立了自己的龙舟协会。2021

图1-1　龙舟运动（组图）

年，在东京奥运会皮划艇的比赛场上，作为展示项目，中国龙舟划入了奥运赛场，向全世界展示了这一个中国传统文化的瑰宝。

第二节　龙舟的基本结构

龙舟是龙舟运动不可或缺的一部分，要想进行龙舟运动，就要对龙舟有充分的了解，从而有能力辨别一条龙舟是否安全、可靠，适合用来参加龙舟运动。本章主要介绍龙舟的主要组成部分以及各部分的功能。

一、船体

龙舟的船体（见图1-2）一般用厚度适中的杉木制成，既避免板材太厚影响龙舟的机动性，也避免板材太轻导致船体强度不足。为了尽可

（a）

（b）

（c）

（d）

图1-2　龙舟船体

能减少水对船前进的阻力，龙舟的船体一般呈长而窄的条线形状。为了保证船体强度，在制造龙舟时要用钢丝绳把船的两头拉紧，防止船体在比赛时出现松软、开裂、摇摆等现象。新龙舟造好后或旧龙舟下水比赛前，都要在龙舟的外侧和底部涂抹润滑物，以减少水流对船体的阻力。常见的润滑物有猪油或菜油拌大蒜、雄黄菜籽油、鸡蛋或鸭蛋的蛋清等。龙舟的船体外侧从头到尾绘有龙纹，以代表龙的身体。在检查龙舟船体时，要注意船体板材的质量和厚度，连接的钉具是否适中，船体两边是否平衡，板材连接处的长度是否适当。

二、龙头

龙头是龙舟的重要装饰物，一般用樟木雕刻而成（见图1-3）。龙头的大小与龙舟长度成相应比例，雕刻龙头讲求龙态灵健，气质雅俊，宏奇而不怪异，洒脱而不张狂，令人赏心悦目。为了表现龙的神态，龙头的舌头一般做成活动的，用弹簧固定，在人们划动龙舟时能够上下左右活动；龙头的眼睛则用灯泡装饰，装上电池，在比赛时点亮，使得龙头看起来活灵活现。龙头喉部往往留有一个小洞，上覆木盖，称为藏或龙口。在民俗中，为了使龙头与船体能紧密相连，龙舟轻快如蝉衣，赛事连连得胜，人们会在龙口内放置蝉蜕、钩藤、连翘等物。一些地方在龙

图1-3 龙 头

舟下水时会举行"接龙头"的仪式，当竞渡结束收船后，人们会将龙头洗抹干净，妥善保藏起来。

三、龙尾

　　人们为了增添龙的形象和龙舟的美感，把龙舟的尾部装饰成龙的尾状（见图1-4）。各地制作龙尾的方法不一，有的用晒垫围绕船的尾部扎成尾状，画上龙纹，呈龙尾状；有的插一杆龙旗示意龙尾。

图1-4　龙　尾

四、桡子

　　桡子也称桡片，既是每个划手用于划水向前的主要工具，也是龙舟前进的关键（见图1-5）。桡子由划片和握柄两部分组成。桡子的划片一般用有一定强度的樟木或柳木制成，为了显示龙的形象，划片上通常画有龙纹。握柄选用材质较轻的杉木制成。根据划手划船的姿势，桡子可分为坐桡和站桡，坐着划的称坐桡，站着划的称站桡。坐桡全长大约1.1米，划水的叶片长约0.4米，宽约0.2米；站桡全长2.4米，叶片长1.1米，宽约0.1米。在检查和选用桡子时，要考虑三个因素：桡子的宽度、强度与重量。桡子太窄，不能完全发挥划手的力量；桡子太宽，会增加划手的体力消耗。要想保证桡子的强度，就需要加厚划片，但划片太厚又会导致桡子的重量增加，使划手的体力消耗得更快。划手在选择桡子时，需要结合自身情况，综合考虑这三点因素，以选择最适合自己的桡子。

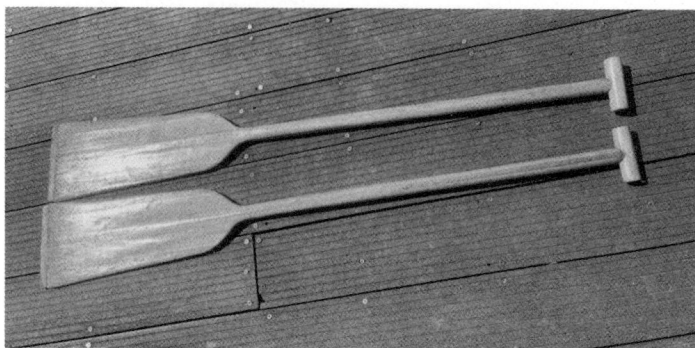

图1-5　桡　子

五、梢子

简称梢，俗称舵，主要是用来调整龙舟行驶方向的（见图1-6）。梢子的长度约为船长的五分之二。为便于操作，梢子的握手部分呈圆形，拨水部分呈关刀状，支点在船的尾部。在龙舟竞渡时，有经验的梢手一般使拨水的关刀状部分脱离水面，以减少水的阻力，仅在调整方向时下水点拨。

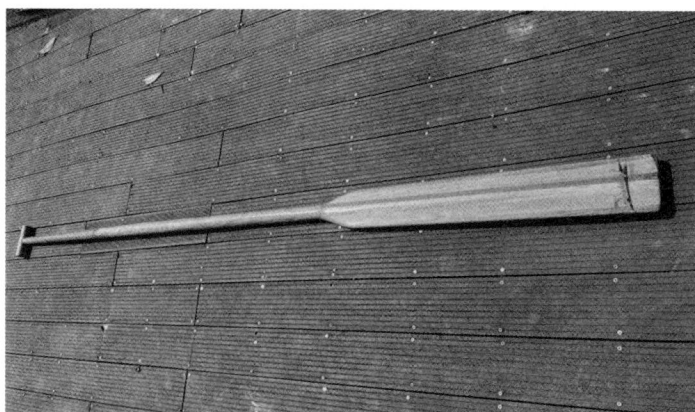

图1-6　梢　子

第 二 章

划龙舟的基本技术

划龙舟是人们在长期的劳动生产中演变而来的水上划船运动。一条龙舟的额定人数是36人，其中划手26人，另有掌旗、司鼓等负责特定职能的乘员10人。划船者衣着颜色均与赛舟旗色一致。

龙舟要想划得快，就要确保划手们动作整齐一致，桡子入水深度相同；要想使划手们保持好划船节奏，就要靠击鼓指挥；龙舟后部两侧的梢（舵）则用来控制方向，确保龙舟行驶顺直。因此，龙舟运动中有"鼓是令，梢是命"的说法。划龙舟讲究鼓、梢（舵）、桨配合默契，只有这样，才能使龙舟划得又快又稳。

鼓、梢、桨作为龙舟运动的三大要素，各有鼓手、舵手和划手掌控，也有相应的基本技术；而"配合默契"的要求意味着龙舟队伍内部的配合也是一项基本技术。因此，本章先基于划龙舟的职能分工，分别介绍击鼓、掌舵和划桨的基本技术，再介绍集体配合的基本技术。

第一节　击鼓技术

鼓手是一条龙舟的总指挥，通过鼓声发号施令（见图2-1）。在龙舟运动的训练与比赛中，一切行动要听从鼓手鼓点引导。鼓手的临场经验和综合指挥能力是一条龙舟在竞渡中取胜的关键，全船划手要在鼓手的指挥下统一行动。从登上龙舟出发，到划完全程，一直到离船登岸，鼓手要对全船始终保持掌控。

图2-1　鼓　手

在训练中，鼓手要负责指挥，控制龙舟的行驶方向，确保行船安全，及时调度。例如，在两船接近时，鼓手要指挥划手挡水停船；在龙舟转向时，鼓手要指挥左右划手划水、推水（倒划水）等。在比赛中，鼓手指挥划手、舵手采取各种战术，并根据比赛实际情况，指挥划手随机应变。

一、鼓手的基本素质

鼓点、鼓声、鼓律，都是鼓手命令信号，所以鼓手在敲鼓时一定要思想集中表情自然。鼓声要清脆、有力、节奏感强。落槌要有弹性，手腕灵活。每种鼓的敲击方式表达什么指令，心中有数。敲鼓看似简单，但要想掌握好这门技术却并不容易。没有长期学习和练习，是不能成为一名称职的鼓手的。在比赛时，鼓手要胆大心细，观察力强，很好地调动全体划手的划桨频率。

二、击鼓的手法

鼓手的敲击技术分为两种，一是单手敲鼓，二是双手敲鼓。单手敲鼓是目前大多数龙舟队采用的技术，龙舟教学时，学生也从单手敲鼓开始学习。在单手敲鼓时，手握在鼓槌的一端，握鼓槌的手臂自然放松，以手腕和小臂的协调用力有节奏地敲鼓。手握鼓槌不要太生硬，太紧，这样手臂容易紧张，在快速敲鼓时，鼓槌容易脱手。在龙舟队训练时，单手击鼓的常见鼓点练习顺序是：40桨/分、60桨/分、80桨/分、100桨/分、120桨/分，力求练习到鼓点误差不超过2桨/分。

在龙舟竞渡中，敲鼓方式和鼓声轻重，传递的是不同的信号。例如，快速轻敲鼓边，就是要求划手、舵手注意力集中，或做好预备姿势；重击鼓，声音大，表示要求划手插桨快，入水狠，用力划。具体敲鼓节奏或轻重变化代表什么指示信号，没有统一的标准，由各龙舟队自己决定。鼓手除了鼓点指挥外，还可以用眼神、手势、口令与舵手、划手传递信息，调度全船人员。

第二节 划桨技术

龙舟上每个划手所持船桨的长短、手握桨杆的位置，桨叶的吃水深度和角度都会影响龙舟的前进速度。划桨技术主要包括选桨、握桨、划桨。

一、选桨

划龙舟时选择一把得心应手的划桨对划手来说是非常重要的。龙舟运动的教学用桨一般长1.2—1.3米，比赛用桨长1.05—1.3米。运动员应参照自己的身高臂长选择合适的划桨。一般来说，男性多用1.2—1.3米的中桨和长桨；女性多用1.05—1.2米的短桨和中桨。

在龙舟运动中，短桨、中桨和长桨各有优势。例如，在划桨时用短桨容易加快桨频，同时适合身高较低者使用。长桨做功距离长，在划大桨时有优势，但划起来也更费力。划龙舟时，要根据队员的身高、臂展、力量选用划桨、安排座位。例如，领桨的划手和最后位置的划手多长桨，中间位置的划手一般用稍短的桨。

二、握桨

在划龙舟时，握桨的方法根据划桨操作的位置而定。如果是在右舷划桨，那么桨手用左手握在手柄上，四指从外向内并拢，大拇指从内向外包住桨把，而右手握在桨把的下端（桨叶与桨把的交界处），四指从外向内并拢，大拇指从内向外包住桨把，划行时要自然放松，不能握得太紧，以免手心起泡破皮。左舷划桨与右舷相反。握桨技术的详细图解见图2-2。

图2-2　握桨（组图）

三、划桨

划桨是一个周期性的动作。具体过程为：预备姿势—插桨（桨叶入水）—拉桨（也称桨叶划水）—出桨（桨叶出水）—回桨（空中平移桨），最后再还原成预备姿势。

1. 预备姿势

以左手划桨为例，上手握桨柄，在前额上约一个半到两个拳头距离。下手握桨杆（根据所选用划桨的长短来确定下手握桨杆的距离），下手臂伸直，左肩往前送，桨叶与水面约成60度角（见图2-3）。

图2-3　划桨预备姿势

2. 插桨

插桨时，下插速度要快，桨叶入水时要主动、有力（见图2-4）。

图2-4 插 桨

3. 拉桨

拉桨时要沿船舷接线运动，在拉桨过程中桨叶要尽可能垂直划水，应保持整片桨叶在水中。拉桨时，手不要浸入水中，以免增加船的阻力（见图2-5）。

图2-5 拉 桨

4. 出桨

拉桨结束后，下手腕向内旋，上手腕向外旋，上手轻轻下压，使桨叶出水（见图2-6）。

图2-6　出　桨

5. 回桨

以桨叶边的一面平移回到预备姿势，移动时桨叶面向上，基本与水面保持水平方向移动（见图2-7）。

图2-7　回　桨

划桨的诀窍是在桨叶插水的过程中抓住能产生最大推力的节点发力。在整片桨叶完全下插入水后，接近垂直划水路线时，就是发力的最好时机。此时，划手应当通过身体的扭转和手臂伸直拉桨，使桨叶到达向后推水的适宜位置。

在集体划桨时，要统一插水，统一划水，统一出水，划桨时桨频一致。左右一致，前后一致（见图2-8）。领划的桨手要跟随鼓手敲打的节奏进行划桨，左右一致，后排的划手同步跟上，不能抢先也不能拖后，否则会发生相互打桨的情况。

图2-8 集体划桨

第三节 掌舵技术

舵手位于船尾，控制着龙舟的行进方向（见图2-9）。龙舟的舵有固定舵、活动舵两种，不管是固定舵还是活动舵，舵手均要学习向左偏、向右偏、向左弯、向右弯、向左后转、向右后转、直线行进等掌舵技术。

图2-9 舵手（船尾红圈标记者）

一、舵手的基本素质

舵手要身材适中、灵活，头脑清醒，注意力集中，有临危不惧的性格。舵手还要熟悉和善于观察水流方向和流速，风向和风力，并据此调舵，使龙舟保持平稳前进。在比赛时，舵手在掌舵的同时，既要不断激励桨手，给同伴加油，也要观察对手的情况，及时提醒鼓手和划手调整战术。

二、掌舵姿势

掌舵姿势有坐姿掌舵和站姿掌舵两种。坐姿掌舵要求舵手正对船头，坐在船舱板上，也可以侧面坐在船舷上，眼前直视前方（见图2-10）；站姿掌舵要求舵手身体稍前倾，两腿前后开立成弓步，眼睛直视前方（见图2-11）。

图2-10　坐姿掌舵　　　　　图2-11　站姿掌舵

坐姿掌舵动作自然、放松，身体重心很低，体力消耗小，但也存在因位置较低不易看清前方的目标、船偏航时不容易察觉、不利于和鼓手与划手及时进行信息交流等缺陷；站姿掌舵站得高，看得远，前方目标清晰，可以更好地把握航向，方便与鼓手和划手进行交流，但存在重心高、稳定性不好、受风浪影响较大、容易被甩下水、体能消耗大等

缺点。

一般来说，初学者通常以坐姿掌舵，待熟练后再以站姿掌舵。

三、掌舵方法

在掌舵时，舵手一手握舵桨柄，另一手握舵杆，根据船行驶速度和偏移程度，将舵桨叶呈蜻蜓点水式放入水中。初学者将舵叶的三分之一、三分之二或全舵桨叶放入水中。在船行驶正常时，可以将舵桨柄或舵桨杆往下按压，使舵桨叶露出水面，以减小阻力。舵手要将身体重心降低，眼睛直视前方，确保舵手、龙头、前进航道三点成一直线。舵手要学会利用身体使龙舟保持平衡，时时把稳舵，避免舵桨叶不吃水或吃水太深引起偏航。

第四节　集体配合的技术

　　划龙舟是一项集体性很强的项目，不是靠单打独斗就能取胜的游戏。龙舟运动很讲究完美的协调、同步一致（见图2-12）。划龙舟时，鼓手的鼓点要节奏明快有力，指挥划手划桨一致；划手要握桨把一致，入水角度一致，入水深度一致，用力均匀一致，并要绝对服从指挥，听口哨声或鼓声划桨；舵手要操作熟练，善于把握航道。只有全体队员团结合作，共同努力，步调一致，奋勇拼搏，才能取得成功。

图2-12　龙舟运动中的集体配合

一、龙舟队员间的配合

1. 领桨配合

坐在第一排的两名队员是领桨手，领桨手需要长期在一起磨炼，形成默契，达到划桨频率、幅度高度一致。

2. 前后划手配合

从第二排到最后一排，前后划手的划桨频率和力度要保持一致，确保划桨的动作和力度整齐划一。

3. 鼓手和划手配合

鼓手需要了解划手的实力，并据此控制敲鼓的节奏和力度，使之符合划手的能力水平，避免在比赛时因一味争胜，敲鼓频率过快，导致划手划桨跟不上鼓手敲鼓的节奏。鼓手和划手之间的配合，要做到"平时怎么练，比赛就怎么划"。

4. 舵手和划手配合

舵手需要充分了解本队队员特点，在起航、快桨、大桨中配合划手划船的节奏把稳船舵。在自然条件比较恶劣的情况下，舵手要及时提醒划手之间相互配合。

5. 鼓手、划手、舵手配合

在龙舟竞赛中，鼓手和舵手是预定战术的指挥者，划手是战术的完成者。鼓手的鼓点是否敲在点上，能否调动划手激情，直接关系到成绩好坏；划手齐心协力，根据鼓手鼓点保持划船节奏高度一致，是制胜关键；舵手是龙舟行驶方向的掌控者，行舟时需要同时兼顾两侧，不能出现半点闪失。三者有一方失误，就不可能有好的成绩。

二、龙舟队伍的整体配合

龙舟队伍作为一个整体，不仅要求队员之间在体能素质方面形成互补，而且要求所有队员团结一心，彼此信任。只有这样，才能做到人舟合一，在比赛中取得好成绩。

1. 桨位安排

如果两侧划桨的力量不均匀，龙舟就会在水面上打转，或走S形，甚至根本无法前进。因此，在安排划手桨位时，要遵循技术对称、能力对称、体重对称、前后对称（前后划手的能力基本平衡）的基本原则。

2. 善抓节奏

划龙舟时，划桨节奏要快、抓水动作要准、角度要小。后面的划手要适应前面的划手划桨后快速流动的水，并更快地在流水中找到发力时机。同时，在水流速度加快的情况下，后排划手在拉桨时既要更快地用力，又要防止推桨臂过早导致力量转移。

3. 同步一致

龙舟要求所有桨手从抓水到出水完全同步一致，就像一个人在划一样。但是每个桨手不能丢失个人的风格，不能因为取得技术上的同步一致而降低个人的划桨效率。同步一致对左右舷一号、二号、三号桨手提出了很高的要求，他们必须对鼓手的鼓点频率高度敏感，不能稍有落后。

第 三 章

龙舟运动员的体能训练设计

要想在龙舟运动中取得好成绩，不仅需要熟练的技术，也需要通过体能训练提升运动员的耐力。本章主要介绍龙舟运动体能训练的基本规划以及不同阶段的具体训练方案。

第一节　龙舟运动体能训练计划

一、基础阶段（1—3周）

基础阶段的龙舟运动体能专项训练计划如表3-1所示。

表3-1　基础阶段的龙舟运动体能专项训练计划

训练手段	重复次数	组　数	组间间歇/秒
引体向上	力竭	3—4	180
TRX[①]屈膝卷腹	30	3—4	90
徒手深蹲	30	6	60
TRX俯卧撑	15	4	120
俯卧挺身	25	3—4	120
弹力带肩部推举	15	2	60
仰卧卷腹转体	30	2	60
弹力带箭步蹲	25	3—4	90

二、提高阶段（4—6周）

提高阶段的龙舟运动体能专项训练计划如表3-2所示。

---

① TRX训练是Total Resistance Exercise的缩写，即"全身抗阻力锻炼"的意思，是一种利用身体重量和重力练习力量、锻炼全身肌肉，以及平衡和柔韧性的训练方式。

表3-2　提高阶段的龙舟运动体能专项训练计划

训练手段	重复次数	组　数	组间间歇/秒
杠铃屈腿硬拉	15	3—4	180
坐姿器械推胸	30	3—4	90
弹力带侧扭转牵拉	30	6	60
TRX深蹲	20	4	120
哑铃肩上推举	20	3—4	120
TRX划船	15	2	60
弹力带颈后臂屈伸	30	2	60
杠铃负重箭步蹲	25	3—4	90

三、强化阶段（7—9周）

强化阶段的龙舟运动体能专项训练计划如表3-3所示。

表3-3　强化阶段的龙舟运动体能专项训练计划

训练手段	重复次数	组　数	组间间歇/秒
双杠臂屈伸	力竭	3—4	180
仰卧负重转体	30	3—4	90
龙门架直臂后拉划船	20	3	60
杠铃直腿硬拉	12	4	120
仰卧卷腹	15	4	120
TRX俯卧撑	15	6	60
哑铃颈后臂屈伸	30	4	60
弓步走	25	3—4	90

第二节　各阶段体能训练方案

一、基础阶段（1—3周）训练方案

基础训练阶段采取徒手自重的训练方式，适当加入弹力带和TRX轻器械训练，训练项目有8个，分别为：引体向上、TRX屈膝卷腹、徒手深蹲、TRX俯卧撑、俯卧挺身、弹力带肩部推举、仰卧卷腹转体、弹力带箭步蹲，重复次数为25次，个别项目可根据实际情况调整次数，组间的间歇为60秒，训练组数为3—4组，训练顺序如下。

（一）引体向上

1. 目标肌肉

背阔肌、菱形肌、三角肌后束、肱二头肌、肱肌。

2. 动作技术要求

身体自然站立，双手比肩稍宽并正握住横杠，身体自然悬垂，手臂伸直；挺胸收腹、下颌微收。呼气时，向上拉引身体至胸部靠近横杠；吸气时，向下还原至肘关节伸直，不要过伸。练习过程中，身体不要大幅度摆动。动作图解见图3-1。

（二）TRX屈膝卷腹

1. 目标肌肉

胸部肌肉、三角肌前束、肱三头肌、腹部肌肉。

图3-1　引体向上（左为起始，右为结束）

2. 动作技术要求

双手撑于瑜伽垫上，呈俯卧撑起始姿势，将双脚各放进一个TRX训练绳的握环内，脚背牢牢地靠在握环上，利用悬吊将身体重心固定在双手的手掌部位，保持核心稳定、下颌微收、腰部保持正常生理曲度。吸气时，双脚微微张开，将膝盖往手肘方向靠近，触碰手肘后稍作停顿一下；呼气时，双脚向后自然伸直，再回到起始动作。

（三）徒手深蹲

1. 目标肌肉

股四头肌和臀部肌肉。

2. 动作技术要求

身体自然站立，两脚左右开立比肩略宽，两脚尖稍外展，膝盖与脚尖方向保持一致，挺胸收腹，下颌微收，腰背部挺直。吸气时，下蹲至膝关节90度或略小于90度处，膝关节不要超过脚尖；呼气时，站起至膝关节自然伸直或微屈，不要过伸。练习过程中，不要弓背或躯干过于前倾（见图3-2）。

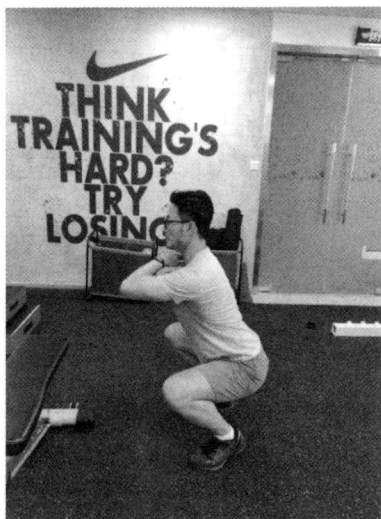

图3-2 徒手深蹲

（四）TRX俯卧撑

1.目标肌肉

胸部肌肉、三角肌前束、肱三头肌。

2.动作技术要求

选择一条TRX训练绳，将双脚各放进一个握环内，双手与肩同宽撑于瑜伽垫上，用手掌撑起身体，呈俯卧撑准备姿势，保持核心稳定，稳住身体，下颌微收，腰部保持正常生理曲度。吸气时，屈臂至肘关节与肩关节同高或略高于肩关节，上臂外展（肩关节外展）小于90度；呼气时，伸臂至肘关节自然伸直或微屈，不要过伸。

（五）俯卧挺身

1.目标肌肉

斜方肌、竖脊肌、菱形肌。

2.动作技术要求

身体俯卧于罗马椅上，髋部在罗马椅的上沿部位，两脚放在踏板上，双手置于耳侧或环抱于胸前，挺胸收腹，下颌微收，腰部保持正常生理曲度，身体呈一条直线。吸气时，躯干弓背向下至头与髋部同高的位置；呼气时，躯干向上抬起至起始位置。

（六）弹力带肩部推举

1. 目标肌肉

斜方肌、三角肌前中束。

2. 动作技术要求

双脚自然站立、与肩同宽并踩住弹力带中间部位；双眼目视前方，挺胸收腹，核心收紧，保持腰背部挺直；双手屈肘向身体两侧打开，各握住弹力带两端并举至肩部位置。吸气时，三角肌发力带动双臂向上推起弹力带至手臂自然伸直；呼气时，在动作顶点稍微停顿，慢慢回到反方向并还原动作。

（七）仰卧卷腹转体

1. 目标肌肉

腹直肌和腹内外斜肌。

2. 动作技术要求

仰卧于瑜伽垫上，屈膝90度，两脚平放在地上，双手放在耳边轻轻托住头或双臂环抱于胸前。呼气时，脊柱向上卷起，同时向一侧转体，至腹肌完全收缩；吸气时，脊柱向下还原回到垫上，练习过程中下颌微收，保持颈椎稳定，头不要摆动。两侧练习方法相同，交替练习。

（八）弹力带箭步蹲

1. 目标肌肉

股四头肌、臀部肌肉。

2. 动作技术要求

用左脚踩住弹力带，脚趾向内轻轻扣住，双手将弹力带向上拉到肩膀上，右脚向后迈出一大步，前后自然站立，抬起右脚跟，脚尖朝前，胸部稍微收拢。吸气时，蹲下，直到前腿与地面平行，后腿弯曲到90度或略高于90度，膝关节与脚趾成一条直线，上半身保持挺直或略微向前。呼气时，从脚后跟开始慢慢站起来，回到原来开始的位置，双腿交替进行。

二、提高阶段（4—6周）训练方案

提高训练阶段采用轻器械的弹力带和TRX训练绳的训练方式，适当加入固定器械训练。此阶段第一周采用60% 1RM[①]负荷进行，第二周采用70% 1RM负荷进行，第三周采用80% 1RM负荷进行，训练项目有8个，分别为：杠铃屈腿硬拉、坐姿器械推胸、弹力带侧扭转牵拉、TRX深蹲、哑铃肩上推举、TRX划船、弹力带颈后臂屈伸、杠铃负重箭步蹲。其中，弹力带和TRX训练绳等轻器械训练手段重复次数为20次、固定器械训练手段重复次数为12—15次，组间的间歇为60—120秒，训练组数为3—4组，训练顺序如下。

（一）杠铃屈腿硬拉

1. 目标肌肉

股四头肌、竖脊肌、臀部肌肉、腘绳肌。

2. 动作技术要求

胫骨紧贴杠铃杆站立，两脚左右开立与肩同宽，两脚尖稍外展，膝盖与脚尖方向保持一致；屈腿下蹲，双手正握住杠铃杆，双手握距比肩略宽；挺胸收腹，下颌微收，腰背部挺直。呼气时，伸膝、伸髋向上拉起杠铃成身体直立；吸气时，向下还原至起始位置。在练习过程中，背部要求挺直，不能弓背（见图3-3）。

[①]　在健身领域，1RM（1 Repetition Maximum）是指训练者能一次性完成的最大重量。而60% 1RM则是指这个最大重量的60%（依次类推）。这个负荷水平在健身训练中有特定的应用和意义。

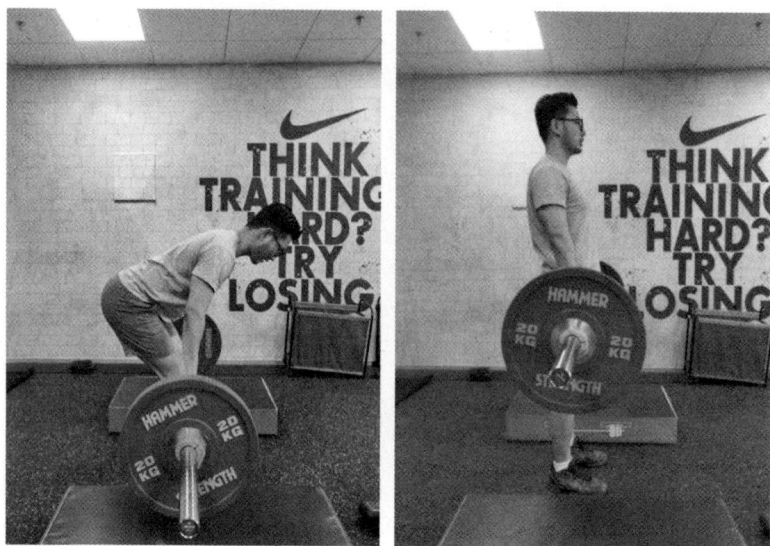

图3-3　杠铃屈腿硬拉

（二）坐姿器械推胸

1. 目标肌肉

胸部肌肉、三角肌前束、肱三头肌。

2. 动作技术要求

坐于器械训练椅上，调整好座椅高度，使器械的把手低于肩关节，上背部、臀部紧贴椅背，两手正握、闭握住把手，挺胸收腹、下颌微收，腰部保持正常生理曲度。呼气时，伸臂将把手向前推出至肘关节自然伸直或微屈，不要过伸；吸气时，屈臂向后至肘关节与双肩在同一直线上或向后略超过肩关节。

（三）弹力带侧扭转牵拉

1. 目标肌肉

腹内外斜肌。

2. 动作技术要求

将弹力带的一端固定在低位，大约到人体腰部高度即可，双脚左右自然开立，双目正视前方，挺胸收腹，核心收紧，保持腰背部挺直，双膝自然微屈，双手对握抓紧另外一侧弹力带。吸气时，利用躯干向身体侧面扭转带动弹力带顺着同一方向扭转，核心发力，直到弹力带被逐渐拉直；呼气时，慢慢控制回复到起始动作。身体两侧的锻炼方法相同，交替练习（见图3-4）。

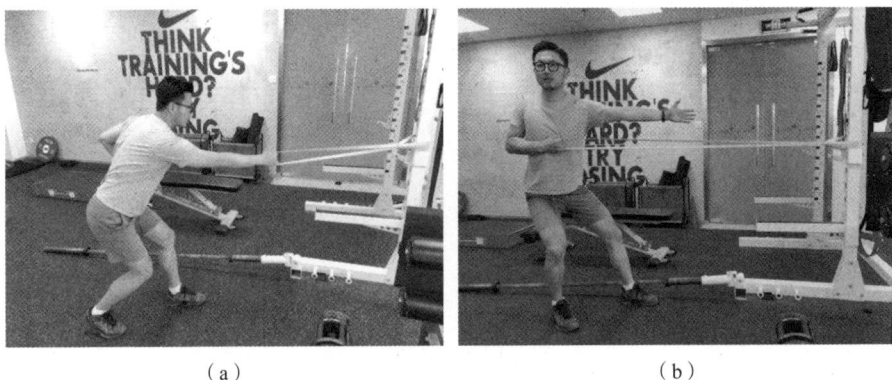

（a）   （b）

图3-4　弹力带侧扭转牵拉

（a）起始　（b）结束

（四）TRX单腿深蹲

1. 目标肌肉

股四头肌、臀部肌肉、肱二头肌、肱三头肌。

2. 动作技术要求

自然站立，双目正视前方，胸部向上，核心绷紧，背部挺直，一条腿微微抬高至地面，双手抓住训练绳，肘部弯曲于腰部。吸气时，将左脚向前提起，与地面平行，蹲下，将重心深深地放在右脚上，保持手臂和眼睛水平。呼气时，将腿放回自然站立的位置，交替练习。

（五）哑铃肩上推举

1. 目标肌肉

三角肌前中束、肱三头肌。

2.动作技术要求

坐于训练座椅上，上背部、臀部紧贴训练椅背，挺胸收腹，下颌微收，腰部保持正常的生理曲度，两手正握持哑铃，掌心向前，屈肘约90度，肘关节在肩关节前面，与肩关节同高或略低于肩关节。呼气时，伸直手臂向上推起哑铃至肘关节自然伸直或微屈，不要过伸；吸气时，屈臂使哑铃缓慢下降还原至起始位置。

（六）TRX划船

1.目标肌肉

背阔肌、斜方肌、菱形肌、三角肌后束、肱肌、肱二头肌。

2.动作技术要求

身体自然站立，双手对握、闭握住TRX训练绳的握柄，两脚自然分开，膝关节自然微屈，不要过伸，挺胸收腹，下颌微收，双目正视前方，腰背部保持正常生理弯曲，身体后仰至与地面呈45度左右。呼气时，向上拉引身体至腹部靠近手柄；吸气时，向下还原至肘关节自然伸直，不要过伸（见图3-5）。

（a）   （b）

图3-5　TRX划船

（a）起始　（b）结束

（七）弹力带颈后臂屈伸

1. 目标肌肉

肱三头肌、三角肌前束。

2. 动作技术要求

将弹力带一端固定在低位，并用训练椅将其分开75厘米左右，腰背部挺直，身体直坐于训练椅上，背对弹力带，双手抓紧另外一侧弹力带。吸气时，双臂向上举起、大臂保持不动，贴紧耳朵，小臂在弹力带作用下向后弯曲，利用肱三头肌发力将小臂向上自然伸直；呼气时，回复到起始动作。

（八）杠铃负重箭步蹲

1. 目标肌肉

股四头肌、臀部肌肉、腘绳肌。

2. 动作技术要求

选择合适的重量，将杠铃置于肩上，双脚自然站立，膝盖与脚尖方向保持一致，双目正视前方，挺胸收腹，核心收紧，保持腰背部挺直；吸气时，一只脚向前屈膝下蹲至前腿与地面平行，后腿向下弯曲至90度或略大于90度，膝关节与脚尖方向保持一致，上体保持正直或稍向前倾；呼气时，由脚后跟开始发力，站立起身回到初始位置。换腿交替练习。

三、强化阶段（7—9周）训练方案

强化训练阶段采用固定器械和自由重量器械组合的器械训练方式，同时适当加入自重练习。每阶段第一周采用60% 1RM负荷进行训练，第二周采用70% 1RM负荷进行训练，第三周采用80% 1RM负荷进行训练。训练项目有8个，分别是双杠臂屈伸、仰卧负重转体、龙门架直臂后拉划船、俯卧撑、仰卧卷腹、杠铃直腿硬拉、哑铃颈后臂屈伸、弓步走等。训练项目重复次数为12—15次，徒手训练重复次数为25次；随着训练负荷增大，重复次数可逐渐减少，组间歇120秒，训练组数为4组，训练顺序如下。

（一）双杠臂屈伸

1. 目标肌肉

肱三头肌、胸部肌肉、三角肌前束。

2. 动作要求

跳起双手分别握杠，两臂支撑在双杠上，双眼目视前方、头部保持正直，挺胸收腹顶肩，身体和两臂分别与双杠保持垂直，小腿抬起放在双脚后的踝关节部位。呼气时，肘关节慢慢弯曲，身体慢慢下放至最低位置，稍停一会；吸气时，两臂用力撑起至肘部自然伸直的位置还原。

（二）仰卧负重转体

1. 目标肌肉

腹内外斜肌。

2. 动作技术要求

仰卧在卷腹训练器上或瑜伽垫上，屈膝90度，两脚置于训练椅的挡板上，双手对握杠铃片或哑铃抱于胸前。呼气时，脊柱向一侧转体，至腹肌完全收缩；吸气时，脊柱向下还原；练习过程中，下颌微收，保持颈椎稳定，头不要摆动。两侧练习方法相同，交替练习。

（三）龙门架直臂后拉划船

1. 目标肌肉

背部肌肉、肱二头肌、三角肌后束、菱形肌、斜方肌。

2. 动作技术要求

坐于器械训练凳上，两脚前后开立呈弓步放在前后踏板上，调整好龙门架的重量与座椅高度，手臂自然伸直，单手握住手柄，挺胸收腹，下颌微收，保持腰背部挺直，躯干与地面保持垂直。呼气时，手臂靠近躯干向后用力将把手拉至腹部左右；吸气时，向前还原至肘关节自然伸直，不要过伸。练习过程中，不要弓背，躯干前后移动幅度不要过大，两侧手臂练习方法相同，交替练习。

（四）杠铃直腿硬拉

1. 目标肌肉

臀大肌、腘绳肌、竖脊肌。

2. 动作技术要求

胫骨紧贴杠铃杆站立，两脚左右开立与肩同宽，两脚尖稍外展，膝盖与脚尖方向保持一致，向下俯身，膝关节微屈，双手正握、闭握住杠铃杆或一手正握、一手反握住杠铃杆，双手握距比肩略宽，挺胸收腹，下颌微收，腰背挺直。呼气时，向上拉起杠铃使身体直立；吸气时，向下将杠铃放到稍低于膝关节的位置，躯干与水平面夹角控制在40度左右，练习过程中腰背部挺直，不要弓背。

（五）仰卧卷腹

1. 目标肌肉

腹直肌、腹内外斜肌。

2. 动作技术要求

仰卧于瑜伽垫上，屈膝90度，两脚平放在地板上；双手放在耳边，轻轻托住头或双臂环抱于胸前。呼气时，脊柱向上卷起至腹肌完全收缩；吸气时，脊柱向下还原到垫上；练习过程中下颌微收，保持颈椎稳定，头不要摆动。

（六）俯卧撑

1. 目标肌肉

胸部肌肉、肱三头肌、三角肌前束。

2.动作技术要求

两手分开比肩稍宽，双臂伸直俯撑于地上，肩关节在腕关节正上方，双脚着地，身体保持一条直线，挺胸收腹、下颌微收，腰部保持正常生理曲度。吸气时，屈臂至肘关节与肩关节同高或略高于肩关节，上臂外展（肩关节外展）小于90度；呼气时，伸臂至肘关节伸直或微屈，不要过伸（见图3-6）。

（a） （b）

图3-6 俯卧撑

（a）起始 （b）结束

（七）哑铃颈后臂屈伸

1.目标肌肉

三角肌前束、肱三头肌。

2.动作技术要求

坐于器械训练椅上，腰背部挺直，两手合握住一个哑铃，将其举过头顶后，屈肘使前臂向后下垂，两侧的上臂贴近两耳，保持竖直不晃动。吸气时，逐渐伸展肘关节，把前臂向上逐渐延伸，直到臂部自然伸直；呼气时，屈肘让前臂慢慢下垂到开始位置，使肱三头肌尽量伸展。

（八）弓步走

1. 目标肌肉

臀部肌肉、股四头肌。

2. 动作技术要求

身体自然站立，两脚左右开立与髋同宽，挺胸收腹、下颌微收，背部挺直。吸气时，一腿向前跨一大步，下蹲至与前腿的大腿与地面平行，前腿的膝关节不要超过脚尖，后腿的膝关节自然屈膝不要触及地面；呼气时，前腿蹬地，膝关节自然伸直成微屈，但不要过伸，前腿收回至起始位置。练习过程中不要弓背，躯干不要前倾。两侧交替弓步走练习。

第 四 章

龙舟运动中的安全
措施与意外救护

在龙舟运动中，安全问题是重中之重。本章主要介绍救生衣的正确穿戴方法、上下船的注意事项等龙舟运动中的安全规范，以及落水、骨折等龙舟运动常见意外的救护方法。

第一节　龙舟运动的安全防范及措施

一、龙舟运动的前期检查

划龙舟前应对码头进行检查，尤其要对浮筒码头进行检查。检查浮筒码头时，要检查各浮块连接处的铆钉是否松动或脱落。检查固定码头时，要及时清理码头周边杂物，防止有异物。查看渡桥上的铆钉是否有松动现象。雨后对龙舟及时进行排水清理和保洁。救生员对救生艇、救生杆、救生圈等进行维护，确定运动设备完善安全。对开展龙舟运动的河道也要进行必要的检查，水下的捕鱼网、暗桩等都对救生艇和龙舟有极大的安全隐患。在开始龙舟运动前，要充分了解河流的水文情况和运动当天的天气情况，如河流的水位和流速、气温和风向等。

二、正确穿戴救生衣

在划龙舟教学、训练与比赛过程中，救生衣穿戴必须规范认真。在进行龙舟运动前，一定要对所有参与者的救生衣穿戴情况进行检查，确保所有人都正确穿戴救生衣后才可以划龙舟。救生衣的正确穿戴步骤具体如下。

（1）检查救生衣是否破损，若有破损立即更换。换下来的破损救生衣要集中存放到指定位置等待维修，以免被其他人误用。

（2）穿上救生衣后，先拉好救生衣的拉链，再系紧颈口带子，接下来系紧腰底带，最后扣上腰带。救生衣的腰带不宜太松或太紧，太松起不到保护作用，太紧影响运动员发挥。

（3）穿好救生衣后，运动员两两之间相互检查，并从体前或体后，抓着肩带向上提，如果肩带脱落，就要重新系紧。部分身材瘦小的运动员要在救生衣上加两根长带系于大腿上，防止救生衣意外脱落。

三、规范上下船

在龙舟运动中，正确上下船非常重要，无序的上下船方式非常容易导致翻船和伤人事故。规范的上下船步骤如下。

在上船时，应有两人先拉好船头、船尾缆绳将船稳定，然后划手依次上船，通常的方法是由鼓手拉船头缆绳，舵手拉船尾缆绳，待划手全部就位后，鼓手和舵手最后登船。划手上船时应降低身体重心，第一个就位的划手应坐在船舱中间，待同伴一只脚上船时，逐渐将身体重心移至自己船侧一边，二人就位后应尽量靠近船边两侧，中间应空出。靠近水一侧的运动员将划桨打开平放维持平衡，防止船侧翻，靠近码头一侧的运动员应双手扶桨，将桨放在两腿之间，紧贴自己船一侧坐好，手不要扶码头，防止手和手指夹伤。其他运动员按此方法依次登船。

在下船时，舵手操控龙舟，让船头缓慢靠上码头，鼓手先下，拉住船头缆绳，舵手打舵，使船尾贴近码头，等待船全身稳定后，下船拉住船尾缆绳，二人合力将船稳定，其他运动员持桨平放，靠近码头一侧的运动员持桨立放在两腿之间。从前到后或从后至前，依次离船上岸。靠近水一侧的人先上，另一人在同伴上岸的同时，将身体重心向船舱中间移动，使船保持稳定，以免发生侧倾或侧翻。先上岸的人转身拉自己的同伴，依次进行。由于浮筒码头承重有限，所以在这类码头上下船时，应避免长时间、多人停留在码头上，以防不测。

第二节　翻船与落水事故的防范与施救

一、预防与施救

在龙舟运动中，翻船与落水事故的预防与施救方法如下。

（1）注意龙舟运动当天的天气和水文情况，如有高温、暴雨、风浪等不适合开展龙舟运动的情形，立刻取消龙舟运动。

（2）在龙舟运动前，清点参与者人数，检查参与者健康情况以及是否正确采取安全保障措施。身体不适、未正确采取安全措施者不得参加龙舟运动。

（3）在龙舟运动的河道中提前布置救生员、救生艇。救生艇应保持在河道中间点上，认真观察，要保证发动机不熄火，保持机动状态。出现险情，第一时间赶到翻船现场，发动机熄火，防止发动机叶片伤人。在靠近落水者时，大声提醒他们不要惊慌，在水中保持稳定，抬头张开双臂伸直双手，等待救援。对落水位置较远的落水者抛救生圈；对落水位置较近的落水者可以用救生套杆将其拉上船。如有多人落水，应当根据落水者的位置和状态合理规划施救路线，逐一施救。

（4）其他龙舟应立刻挡水停船，各船领队提醒船上的运动员注意保持冷静，将龙舟划向翻船地点，但不要靠得太近，集体观察落水者情况，用喊话的形式帮助其保持冷静，协助救生员进行施救。救生艇上的救生员必要时跳水施救，但救生艇上必须保证有一名救生员。

（5）在施救过程中，先对不会游泳的落水者进行施救。施救完毕后，一定要清点人数，防止漏救。如果有落水者被扣在船内，救生员立即潜入船内施救。

（6）出现重大伤害，或落水者溺水时间较长时，一定要及时进行处理，进行心肺复苏，并拨打120及时呼叫救护车送到附近的医院进行抢救。

二、防范与自救

在龙舟运动中，做好以下措施，可以预防翻船与落水，或在遇到翻船与落水时采取有效的自救措施。

（1）在身体不适的情况下不参加龙舟运动；在龙舟运动中如感到身体不适，应及时寻求救助。

（2）穿好救生衣，检查并确认龙舟和码头安全后再上下船，做好各种安全保护措施。

（3）规范上下船，在船上不乱动，以免导致重心失去平衡造成翻船。出现船体侧倾时，千万不要主动跳船，此时应握桨展开，身体紧贴两侧船体，不要私自移动重心。

（4）若遇不测翻船落水，不要惊慌，不要拉、抱同伴，努力将头浮出水面，张开双臂，伸直双手，防止救生衣脱落，在水中保持平衡，等待救援。

（5）若被扣在船内，憋住气，双手举起托着船，向两侧潜出离开船，及时将头浮出水面，即使呛水喝水也要保持镇定，切勿惊慌。

（6）如果发生骨折，上岸后立即躺在地上，不要站立，等待医务人员救治。

第三节　龙舟运动中常用急救方法

在龙舟运动中，骨折和溺水是最常见的运动伤害，其急救方法如下。

一、骨折的处理方法

（1）当发现有人骨折时，先不要急于搬动病人。

（2）发生开放性骨折或出血时，应马上进行止血、消毒和包扎，避免病菌侵入骨髓，引起骨髓炎。

（3）用夹板或树枝、木棍等物妥善固定骨折部位。必要时，厚纸板、杂志等也可以利用。

（4）固定物不要接触伤处，应该用棉花或布料等柔软物品垫在中间。

（5）颈、脊椎或腰部骨折，要让伤者躺在木板上，再在相应的受伤部位用软布或毛巾绑扎安定好伤处。

（6）以上几项工作完成后，即可将病人送往医院急救。

二、溺水的处理方法

（1）进行吐水急救。救起溺水者后第一时间进行吐水急救，先检查溺水者的口腔、鼻腔内有无淤泥和杂物，然后及时拨打急救电话。抢救者右腿膝部跪在地上，左腿膝部屈曲，将溺水者腹部横放在救护者左膝上，使溺水者头部下垂，抢救者用力按压溺水者背部，让溺水者充分吐出口腔内、呼吸道内以及胃内的水。

（2）进行人工呼吸。若发现溺水者呼吸停止，在疏通其呼吸通道后，应让他仰卧，头部后仰，立即进行对口人工呼吸。具体方法是，抢救者捏住溺水者的鼻子，向溺水者口内吹气，要勤换气，且吹气量要大，每分钟吹15—20次。

（3）心肺复苏。如果溺水者心跳停止，立即让溺水者仰卧，用拳头叩击心前区1—2次，用力要适当。然后，双手重叠放在溺水者胸骨中下三分之一的交界处，有规律不间断地用力按压。按压时双臂绷直，频率要达到每分钟100次，深度为5厘米（儿童为2—3厘米）。直到能够摸到溺水者的颈动脉搏动时停止。如果只有一个救护者做心肺复苏，每按压心脏30次，向肺内吹气2次，如此循环。经过现场急救后，迅速将溺水者送到附近的医院继续抢救治疗。

民族体育运动汇编

舞龙运动

主　编　谷小兵

副主编　金　涛　刘　莉

参　编　濮磊磊　高　兴

　　　　马丁丁　孙伟豪

　　　　费少旭　蒋晓华

　　　　王伟峰　黄丽芳

上海交通大学出版社
SHANGHAI JIAO TONG UNIVERSITY PRESS

前　言

　　龙是中华民族的象征之一，由龙衍生出来的龙文化是中华文化不可缺少的部分；龙文化又衍生出许多与龙相关的民间习俗，舞龙就是其中之一。舞龙运动随着龙的诞生和龙文化的发展而出现，并在民间广泛流传。它既是中华民族的传统文化，也是有广泛群众基础的体育项目。舞龙运动不仅有很高的艺术欣赏价值，而且能锻炼人的身体和意志，起到弘扬民族精神，激励人们团结、奋进、向上的作用。本书主要介绍舞龙运动的理论知识和运动技法，旨在帮助读者更好地了解、参与舞龙运动，通过舞龙运动体验中华传统文化、强身健体。

目　录

第 一 章

舞龙与舞龙运动

舞龙运动作为我国传统运动之一，有着悠久的发展史，在器材、场地、团队分工等方面形成了一套较为成熟的规范。而现代竞技体育更是在传承舞龙运动的基础上，对这些规范进行了完善。本章主要介绍舞龙运动的发展历程、主要器材以及舞龙团队的基本分工。

第一节　概　述

　　舞龙运动起源于原始宗教祭祀以及图腾崇拜。一般认为，舞龙运动衍生自先民们祭龙祈雨的活动。在先秦两汉时期，便有关于"鱼龙曼衍"之戏的记载。在唐宋时期，舞龙运动逐渐脱离了此前的宗教祭祀色彩，发展成一项广受欢迎的民间活动。宋代爱国词人辛弃疾"凤箫声动，玉壶光转，一夜鱼龙舞"生动形象地描述了人们在元宵节期间舞龙庆祝的热闹场面。至明清时期，舞龙运动得到进一步发展，不仅龙灯的制作技术日臻完善，而且舞龙运动的规模更大、种类更丰富。传统舞龙运动的持续完善为现代舞龙运动发展奠定了坚实的基础。

　　新中国成立后，舞龙从传统的民俗活动逐渐转变为竞技体育活动。1994年5月，在国家体育总局领导下，第一届全国舞龙"佐海杯"邀请赛在福州举行，试行了第一套"舞龙竞赛规定套路"。这标志着舞龙从民间活动到竞技体育的转变。1995年9月，国际龙狮总会在中国舞龙竞赛规则的基础上起草了国际舞龙竞赛规则。1996年5月，在上海举办了第一届国际舞龙比赛。2001年4月，在马来西亚举行了国际舞龙锦标赛，并在此基础上修订出台了《国际舞龙舞狮竞赛规则》，使舞龙运动的竞赛规则更加规范化、科学化和国际化。

　　当代的舞龙运动，是舞龙者在龙珠的引导下，手持龙具，随鼓乐伴奏，通过人体运动和姿势的变化，完成龙的舞、游、穿、腾、翻、滚、戏、组图和造型等动作和套路，以展示龙的静、气、神、韵等内容的民族传统体育项目。一套完美的、顺畅的舞龙套路，需要依靠队员间的集体协作共同完成，所有队员通过相互协调配合共同完成各种动作和造型转换，这是舞龙运动有别于其他运动项目最为显著的特征。舞龙运动强调团队的协同能力。当龙被舞起之时，每个人都将融为龙的一体，节奏、力量与速度都要做到和谐统一。

第二节 舞龙运动的器材与场地

一、舞龙运动的器材

舞龙运动的器材主要包括龙珠、龙头、龙身、龙尾和把杆。

（一）龙珠

舞龙运动中使用的龙珠标准为：球体直径≥0.33米，杆高（含珠）≥1.7米，龙杆直径≥0.025米（见图1-1）。

图1-1 龙 珠

（二）龙头

舞龙运动使用的龙头重量不得少于2.5公斤，龙头外形尺寸：正面宽≥0.35米、高≥0.5米，进深长≥0.7米，杆高≥1.25米，总杆高≥1.85米，龙头杆直径≥0.025米（见图1-2）。

图1-2 龙 头

（三）龙身

舞龙比赛通常以九节龙参赛。总长≥18米，两杆之间距离大致相等。龙身为封闭式筒形，直径≥0.33米（见图1-3）。

图1-3 龙 身

（四）龙尾

舞龙运动使用的龙尾前端直径≥0.3米，尾端直径≥0.05米，净长≥0.7米。龙尾高（含杆高）≥1.6米，重量不限。尾鳍尺寸的长度≥0.25米，宽≥0.15米（见图1-4）。

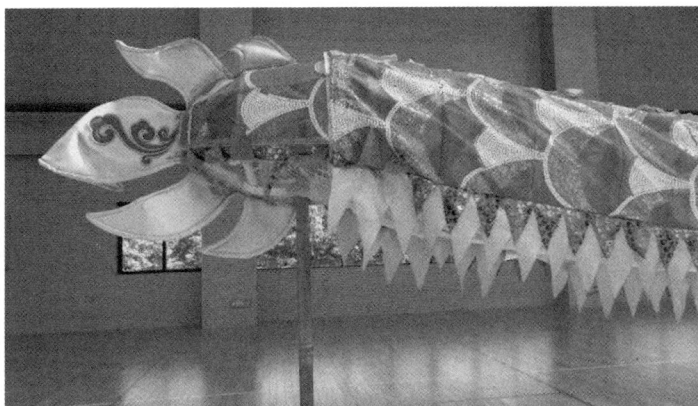

图1-4　龙　尾

（五）把杆

舞龙比赛使用的把杆高（含龙身直径）≥1.6米，重量不限（见图1-5）。

图1-5　把　杆

二、舞龙运动器材的制作方法

在舞龙运动中，需要制作的器材有龙珠、龙头、龙身、龙尾、龙衣。其中，龙衣是舞龙的蒙皮；由于在制作舞龙的各部分时均已配套制作把杆，故此处不再单独讲解把杆的制作。

（一）龙珠的制作

（1）将宽1厘米的铁皮（或塑料片）圈成一个直径24厘米的铁圈。

（2）在铁圈选一直径两端打孔，用粗铁丝穿过，并在两端加2厘米长的小管。

（3）将穿过铁圈的粗铁丝向下弯成一直径为30厘米的半圆圈，剩余部分固定于长105厘米的竹（木）棍上，并在竹（木）棍上刷上油漆。

（4）用宽1厘米、厚约0.1厘米的竹篾四条或六条，分别穿过粗铁丝，交叉扎在铁圈上，扎成一个个竹圈，圈与圈距离要相等，使整体成为一个球形。将红布剪成若干块弧状，用树脂粘贴于龙珠骨架上，使之成为一个红色圆球。

（5）在龙珠两旁挂上彩带（可设计多样化），即告完成。

（二）龙头的制作

（1）用长30厘米、宽9厘米、厚1厘米的木板两块，每块中间凿一直径约3厘米大小的圆孔（其中一块不要穿透）。

（2）另取长8厘米、宽9厘米、厚1厘米的木板两块，四块木板钉成一长方形，再将长105厘米、3厘米直径的竹棍或木棍（用藤棍效果更佳）穿过底下木板，用树脂及铁丝、铁钉固定（务必扎紧，因为龙头活动量大，易松脱）。用长30厘米，宽94.2厘米，厚0.5厘米的塑料网，围绕在矩形木板四周，并予固定（可用铁丝密密扎紧）。

（3）用宽0.5厘米的竹篾一支，穿过塑料网弯成圆筒前方中央处结扎，隆起高度约为20厘米为龙额，竹篾后端斜向后方，用细铁丝及树脂固定于塑料网弯成圆筒中央后方处结扎；另取两支竹篾，扎在前述竹篾的两旁，并用细竹篾、细铁丝横扎成头部，再用塑料网覆盖。

（4）龙角可用粗铁丝，交叉扎在龙头上；龙鼻用细铁丝扎高约10厘米，并在两侧各留一长铁丝，以为上卷之龙须。

（5）用铁丝或塑料网扎成龙耳状，计两片扎在龙头两侧并上漆，用金银漆装饰图案。

（6）在龙头骨架上糊上白布并上漆，用金银漆装饰。

（三）龙身的制作

（1）取两块长30厘米、宽9厘米、厚1厘米的木板，每块木板的中间凿一直径约3厘米大小的圆孔（其中一块不要穿透），另取两块长8厘米、宽9厘米、厚1厘米的木板，将四块木板钉成一个长方形（矩形）状；再将长105厘米、直径3厘米的竹棍或木棍（用藤棍效果更佳）穿过长方形（矩形）状的底部木板，并用树脂及铁丝、铁钉固定（务必扎紧，因为龙身转折跃动大，易松脱），共12支（多余备用）。

（2）取一张长30厘米，宽94.2厘米，厚0.5厘米的塑料网围绕在矩形木板四周，并将其固定（可用铁丝密密扎紧）。将此塑料圆筒的两端用胶布包扎，以免凸出部分划破龙衣。

（3）扎80个直径为30厘米的竹（藤）圈（多余备用）。

（4）6个竹圈一组，竹圈与竹圈相距30厘米，用尼龙绳四条打结相连，扎在塑料圈上，并予以固定。

（5）准备两条30米的粗棉绳，分别穿过龙身支架上下端内部并固定，作为龙筋。

（四）龙尾的制作

（1）取两块长30厘米、宽9厘米、厚1厘米的木板，每块木板中间凿一直径约3厘米大小的圆孔（其中一块不要穿透）；另取两块长8厘米、宽9厘米、厚1厘米的木板，四块木板钉成一个长方形（矩形）状；

再将长105厘米、直径3厘米的竹棍或木棍（用藤棍效果更佳）穿过长方形状（矩形）状的底部木板，并用树脂及铁丝、铁钉固定（务必扎紧，因为龙身活动量大，易松脱）。

（2）取一张长30厘米，宽94.2厘米，厚0.5厘米的塑料网围绕在矩形木板的四周，并将其固定（可用铁丝密密扎紧）。

（3）用宽0.8厘米的竹篾扎成直径23厘米的圆圈一个，并结扎在木板中央靠边部分，另取长150厘米，宽0.8厘米的竹篾，沿着前述圆扎成尾状，并固定于木板中央靠边部分。

（4）用长短不一的细竹篾8支，扎连在尾上，再用大小不同的竹（或塑料）圈14个，依次扎成尾型，用树脂及细铁丝牢牢固定，尾端卷起于右边。

（5）用铁丝（或塑料网）扎成三角形龙脊并贴红布。龙尾糊上白布并上漆，再画鳞片（画鳞片时，越靠近龙尾，龙鳞要画得越小），即告完成。

（五）龙衣的制作

（1）取一块宽1米、长22米的白布，在布的两条宽边各缝起1厘米，并在两边每隔30厘米处缝上一条长约15厘米的布带，以固定龙衣。

（2）用红色绒布剪成三角形，缝成龙的脊背。

（3）在龙衣上绘龙鳞（或用刻有龙鳞的橡皮章蘸油墨压印）及肚纹（每隔5厘米画一条宽1厘米的红线）。

（4）龙衣上亦可缝圆形亮片，以增加光泽，在阳光下闪烁亮丽。

三、舞龙运动的场地

舞龙运动的竞赛场地为边长20米的正方形平路场地，要求地面平整、清洁。场地边线宽0.05米，边线内沿以内为比赛场地，边线周围至少有1米的无障碍区，上空有8米无障碍空间（见图1-6）。

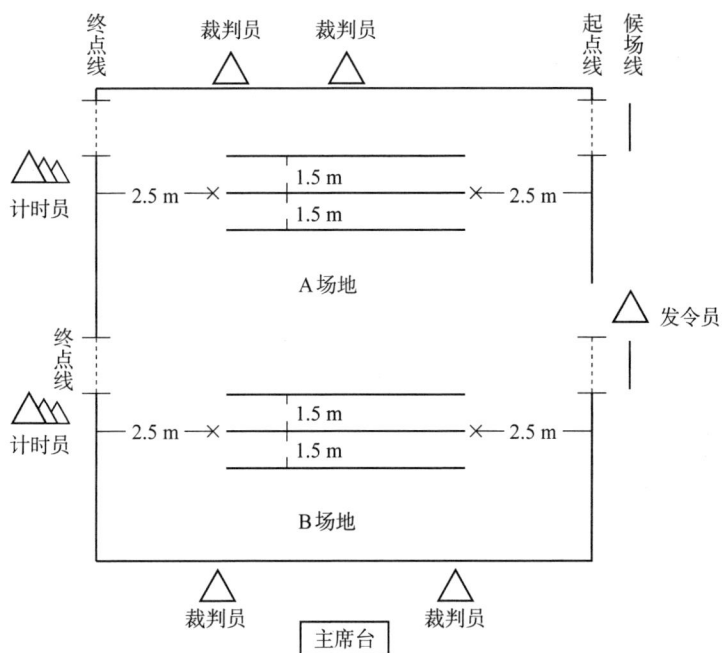

图1-6　舞龙运动的场地

第三节　舞龙运动的团队分工

一、舞龙珠者的基本任务

舞龙珠者，即为龙队指挥者，在鼓乐伴奏下，引导其他舞龙者完成龙的游、穿、腾、跃、翻、滚戏、缠、组图造型等动作，整个过程要生动、顺畅、协调。

1.目的

（1）了解比赛场地的大小，熟悉表演动作的方位，避免比赛时出现方位不正或场地利用不充分的情况。

（2）引导出场，认清出场方向。

（3）熟悉本队比赛的套式中各种队形的变化，具备场上的应变能力。

2.要求

（1）双眼随时注视龙珠，并环视整队及周边环境的情况变化。

（2）与龙头保持1米左右的距离。

（3）与龙头保持协调配合。

（4）龙珠应保持不停地旋转。

二、舞龙头者的基本任务

舞龙头者身材必须高大魁梧、有力，舞动时龙头动作紧随着龙珠移动，龙嘴与龙珠相距1米左右，似吞吐之势，注意协调配合，应时时注意龙头的摆动时机，展现出龙的生气有力、威武环视之势。

1.目的

（1）在龙珠引导下，紧随其后移动，从而带动龙身的摆动。

（2）龙头左右摆动时一定要以嘴领先，显示出追珠之势。

2.要求

（1）龙头替换时，不能影响到动作的发挥。

（2）因龙头体积较大，在左右摆动时不得碰擦龙身或舞龙者。

（3）与龙珠保持1米左右的距离。

三、舞龙身者的基本任务

舞龙身者，必须随时与前后保持一定的距离，眼观四方紧跟前者，走定位，空中换手时尽量将龙身抬高，甚至可以跳起；舞低时，尽量放低，但龙身不可触地，在高低左右舞动中，龙翻腾之势即展现其中；还有必须随时保持龙身蠕动，造成生龙活虎、栩栩如生之势。在穿与腾的动作中，应特别注意杆的握法，杆下端不可多出，以免刮伤别人。

1.目的

舞龙身者将龙身舞动起来，展现龙翻腾之势，还有必须随时保持龙身蠕动，营造出生龙活虎、栩栩如生之势。

2.要求

（1）左右舞动时，龙身运动轨迹要圆滑、顺畅。

（2）龙身不可触地、脱节。

（3）龙身不可出现不合理的打结。

四、舞龙尾者的基本任务

舞龙尾者，身材需轻巧、速度快。龙尾舞动时翻尾要轻巧生动、不拖泥带水，否则容易将龙尾打地，造成器材的损坏，而且会让人感到呆板。舞龙尾者在舞龙运动时也会不时成为带头者，因为有些动作必须龙尾引首，这就要求舞龙尾者反应迅速，动作干练。龙尾控制着整条龙舞动幅度的大小，舞龙尾者在穿和跳的动作里，更应注意尾部，勿碰撞别人或被碰撞，最重要的是随时保持龙身的摆动。

1. 目的

随着龙身的带动，龙尾时刻摆动，体现出龙的轻巧灵动。

2. 要求

（1）龙尾舞动时，不可触地。

（2）龙尾在舞动过程中始终保持左右晃动。

（3）控制左右舞动幅度的大小。

第 二 章

舞龙运动的基本技术

舞龙运动作为一项复杂的体育运动，对基本技术有着一定要求。只有技术功底扎实，才能在舞龙运动中取得佳绩。本章主要介绍舞龙运动的基本技术，包括动作的方法和要领、在动作训练中的常见问题以及纠正方法等。

第一节　舞龙珠的基本技术

一、龙珠的基本握法

龙珠的基本握法有四种：双手正常握、单手背握、双手背握、端握。

（一）双手正常握

1. 动作方法

双手持把，左（或右）臂肘弯曲，掌心朝内，手握于把杆末端。与胸腹同高，右（或左）臂肘微屈，手握于把杆的中上段（见图2-1）。

2. 动作要领

挺胸，收腹，立腰。

3. 易犯错误

（1）左右手上下位置错误。

（2）弓背塌腰。

（3）龙把拿不稳。

4. 纠正方法

（1）默念右上左下。

（2）面对墙面站立练习，注意身体姿态。

（3）加强上肢力量的练习。

5. 学练建议

（1）头顶一本书站立行走，要求书本

图2-1　双手正常握（舞龙珠）

不能掉落。

（2）俯卧撑15—20个一组，间隔15秒练习3组。

（3）平板支撑1分钟，间隔20秒练习3组。

（二）单手背握

图2-2　单手背握（舞龙珠）

1. 动作方法

右手虎口朝上，握住把杆中上段，把端贴紧后背腰处，右手肘关节压住把杆，以免把端脱出（见图2-2）。

2. 动作要领

挺胸，收腹，立腰，右手肘关节压住把杆。

3. 易犯错误

（1）脱把、留把。

（2）把杆会碰到前后同伴。

4. 纠正方法

（1）提升注意力，加强左右手换把练习。

（2）换把后要握紧。

5. 学练建议

（1）左右手拿龙珠做换把练习。

（2）2—3人一组持龙珠进行换把练习。

（3）2—3人一组接同伴传接龙珠练习。

（三）双手背握

1. 动作方法

右手虎口朝上，握住把杆中上段，左手反手抓握把端贴紧后背腰处（见图2-3）。

图2-3 双手背握（舞龙珠）

2. 动作要领

挺胸，收腹，立腰，左手抓握把端要稳。

3. 易犯错误

（1）队员相撞、落地、附加支撑。

（2）脱把。

（3）龙饰、服饰掉地。

4. 纠正方法

（1）加强力量训练。

（2）左右换手练习。

（3）赛前做好检查工作。

5. 学练建议

（1）深蹲，动作坚持10—15次，重复4—5组，组间歇时间为30—45秒。

（2）窄距俯卧撑，每组15—20个，重复4—5组，组间歇时间为2分钟。

（3）持龙把做原地背握练习。

（四）端握

图2-4 端握（舞龙珠）

1. 动作方法

以右端舞龙队员为例，右手掌心朝上握龙珠杆的中上段位置，手侧平举与肩同高，左手手心朝下握龙珠杆的尾端，屈肘于左胸前，把龙珠杆平端于体侧，高度与胸齐，目视龙珠。左端握动作与右端握动作一样，方向相反。可站立、半蹲弓步平端龙珠于体侧（见图2-4）。

2. 动作要领

挺胸塌腰，握把平稳，两肩松沉。

3. 易犯错误

（1）端龙不平，上下晃动。

（2）重心过高。

（3）弓背。

4. 纠正方法

（1）指导教师用语言提示。

（2）重心下降，保持平稳。

（3）身体中正、以腰动带动手臂。

5. 学练建议

（1）认真听取老师上课的要求，积极参与课堂练习。

（2）分组练习，相互观察并纠错。

二、舞龙珠的基本手法

舞龙珠的基本手法包括：左右摆珠、左右提撩珠、左右舞花珠、换手舞花。

（一）左右摆珠

1. 动作方法

舞龙珠者双手持龙珠，在身体左右两侧摆动（见图2-5）。

2. 动作要领

注意龙珠摆动到左右两侧时，龙珠高度不要低于腰部以下。

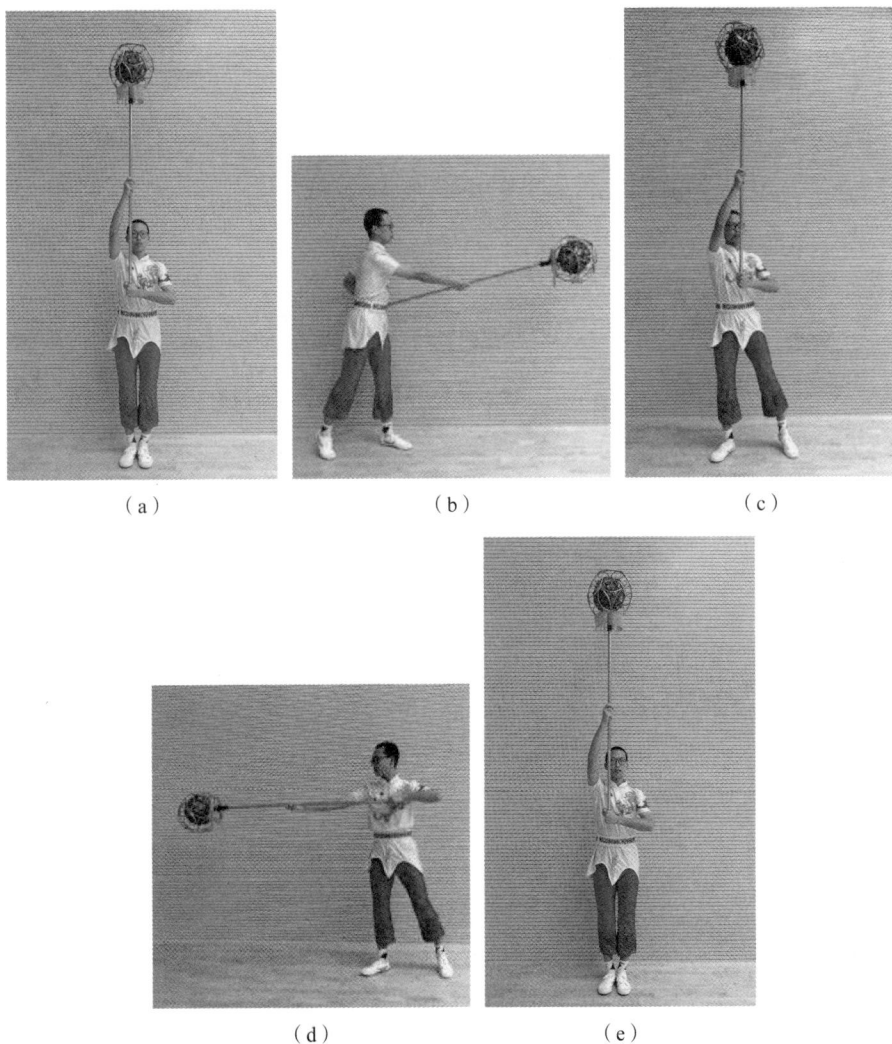

（a）　　　　　　　　　（b）　　　　　　　　　（c）

（d）　　　　　　　　　（e）

图2-5　左右摆珠

3. 易犯错误

（1）左右摆动不到位，手臂没外送。

（2）龙珠落点不到位。

（3）后面队员抢拍。

4. 纠正方法

（1）多做挥臂模仿练习，建立正确的动力定型。

（2）指导教师用语言提示。

（3）让前面同伴带动行进，不要过度发力。

5. 学练建议

（1）观看模仿老师的正确讲解和示范，也可以观看教学录像或多媒体课件，了解动作的全过程，帮助学生养成正确的动作习惯。

（2）发展肩带和手臂力量，加强挥臂技术的练习。

（3）遵循从慢到快，循序渐进的练习准则，通过正误示范对比，提升技术。

（二）弓步提撩珠

1. 动作方法

两脚前后站立，身体重心在前脚上。双手握龙珠杆，龙珠杆前段向右、向侧后方、向下、向前提撩一圈，呈右弓步端珠亮相。左弓步提撩动作与右弓步提撩动作一样，方向相反。目视前方（见图2-6）。

（a）　　　　　　　　　　　　　（b）

图2-6　弓步提撩珠

2. 动作要领

杆身紧贴于身体两侧画立圆。

3. 易犯错误

（1）动作不连贯。

（2）转身不稳，转体不到位。

（3）提撩幅度小，上下肢不协调，弓步不正确。

4. 纠正方法

（1）加强分解与组合练习及协调性练习。

（2）右脚蹬地有力，重心移动，转体。

（3）强调手臂伸直松肩，上下肢同时完成。

5. 学练建议

（1）基本功练习：弓步、马步、提膝、撩珠。

（2）加强上下肢力量训练。

（3）与同伴合作，模仿学练，相互鼓励。

（三）左右舞花珠

1. 动作方法

两手握龙珠杆中上段，杆平，在身体右侧，左手在前，右手在后。右臂向后、向上、向前摆臂，使杆把向右后、向上、向前画半立圆，右臂伸直，左臂置于右腋下，随后右臂沿左臂外侧的右后向前绕一个立圆，使竿把在身体左侧绕一立圆。随后左臂向后、向上、向前画弧，使珠球一端由后向上向前画半个立圆，左臂伸直，右臂收置于左腋下，随后左臂在右臂外侧由后向前绕环，使珠球一端在身体右侧右后向上向前绕个立圆。然后，两侧立圆连贯起来，左手要松握杆（见图2-7）。

2. 动作要领

掌握用力时机，以腰带龙珠杆；握龙珠杆要松紧相兼。

3. 易犯错误

（1）双手上台下按过慢。

| （a） | （b） | （c） | （d） |

图2-7 左右舞花珠

（2）双脚重心移动不协调。

（3）把杆碰擦身体。

4. 纠正方法

（1）教师口令提示。

（2）身体平稳前倾，左右手立圆路线。

（3）跟随手的路线并转移身体重心。

5. 学练建议

（1）了解和掌握一些武术棍法的舞花，熟悉动作名称、图解与路线。

（2）先分解后完成，先上肢后下肢，上下肢协调用力。

（四）换手舞花

1. 动作方法

左右手（或右左手）交换舞花，分为体前交换和体后交换两种方法。

（1）体前交换：右手（或左手）握龙珠杆，杆身直立体前，向右（左）横转一周，左（右）手接杆，顺势再横转一周，如此右左（或左右）手连续交换舞花。

（2）体后交换：右手（或左手）握龙珠杆，杆身平立身体右侧，杆在头上方平转一周，左手（或右手）于头上接杆。身体前倾，并顺势做一个背后平圆，右手（或左手）于背后接杆，上体直立顺势在头上方平转一周，如此右左（或左右）手连续交换舞花（见图2-8）。

（a）

（b）

（c）

（d）

（e）

图2-8　换手舞花

2. 动作要领

动作快速均匀，杆身要贴身做平圆；换手抓握杆时准确，身、杆协调一致。

3. 易犯错误

（1）动作不连贯。

（2）交接手卡顿，不连贯。

4. 纠正方法

（1）加强分组及协调性练习。

（2）加强手腕灵敏性练习。

5. 学练建议

（1）单手舞花练习（左右交替）。

（2）单手握杆做体前、体上、体侧贴身画圆练习。

三、舞龙珠的基本步型

舞龙珠的基本步型有7种：丁字步、弓步、半马步、仆步、歇步、提膝、前点步。

图2-9 丁字步

（一）丁字步

1. 动作方法

双脚向垂直方向并拢，其中一脚尖正对前方，另一脚尖正对侧方；正对侧方一脚跟靠于另一脚窝处，两脚呈"丁"字形。左脚尖对侧方者，称"左丁字步"，右脚尖对侧方者，称"右丁字步"（见图2-9）。

2. 动作要领

上体挺胸直立，身形挺拔。

3. 易犯错误

（1）丁字步脚跟碰不到脚窝处。

（2）容易形成O形腿。

（3）上体前倾。

4. 纠正方法

（1）做动作时注意要领，教练及时提示。

（2）膝盖伸直内扣。

（3）靠墙练习站立。

5. 学练建议

（1）靠墙站立练习。

（2）加强脚步动作的练习，可结合绳梯做协调练习。

（3）同伴之间相互纠正，相互鼓励。

（二）弓步

1. 动作方法

右脚（或左脚）向前迈出一大步（约为本人脚长4—5倍），屈膝小腿垂直，脚尖朝前，微微内扣，大腿接近水平，左腿（或右腿）挺直，脚尖内扣，斜朝前方，全脚着地。重心在两脚中间，上身与右（或左）脚尖同一方向。两手持龙珠举于体侧或上举目视前方（见图2-10）。

2. 动作要领

前腿弓，后腿蹬；挺胸，塌腰，沉髋；两脚左右相距约一脚。

图2-10　弓步（舞龙珠）

3.易犯错误

（1）重心过高。

（2）塌腰、沉髋。

4.纠正方法

（1）弓步步法练习。

（2）强调腰正松肩。

5.学练建议

（1）加强专项准备活动的练习，掌握动作要领和方法。

（2）了解动作特点，力求体现精、气、神。

（三）马步

1.动作方法

左脚向左横跨一步（约为本人脚长3倍），脚尖正对前方，右脚脚尖朝外，身体侧对前方，两腿屈膝半蹲，膝部不超过脚尖，大腿接近水平，全脚掌着地，身体重心落于两脚之间，双手持龙珠于体前，目视龙珠方向（见图2-11）。

图2-11 马 步

2.动作要领

挺胸塌腰，头正颈直，脚跟外撑。

3. 易犯错误

（1）马步姿势不正确。

（2）马步不稳，握龙珠乏力。

（3）眼神和动作分散。

4. 纠正方法

（1）马步步法练习。

（2）原地练习上前一步呈马步练习。

（3）强调形神合一。

5. 学练建议

（1）课前自查相关资料，了解马步的特点，熟悉动作名称，掌握动作要领。

（2）先靠墙练习马步，再独立练习。

（3）适当安排下肢力量练习。

（四）仆步

1. 动作方法

两脚左右开立，右腿屈膝全蹲，大小腿靠近，右脚全脚掌着地，脚尖和膝关节外展约30—45度角；左腿挺直平仆，脚尖内扣，全脚掌着地。双手持龙珠手胸前，目视龙珠方向。左腿伸直为左仆步，右腿伸直为右仆步（见图2-12）。

图2-12　仆　步

2.动作要领

挺胸，立腰，沉髋，腿仆直，不拔根。

3.易犯错误

（1）重心过高。

（2）动作不连贯。

4.纠正方法

（1）腿仆直，不拔根。

（2）加强上下肢分解练习，协调性练习。

5.学练建议

（1）要充分做好准备活动。

（2）加强基本功的练习。

（3）提高自信心，鼓励同伴。

（五）歇步

1.动作方法

两腿交叉靠拢全蹲，左脚全脚着地，脚尖外展，右脚前脚掌着地，膝部靠于前小腿外侧，臀部接于右脚跟处。左腿在下为左歇步，右腿在下为右歇步（见图2-13）。

2.动作要领

两腿贴紧，挺胸立腰，前脚外展。

图2-13 歇 步

3. 易犯错误

（1）步盘不稳。

（2）重心过高。

4. 纠正方法

（1）加强下肢力量练习。

（2）加强柔韧性练习。

5. 学练建议

（1）练习前要做好准备活动，选择合理的运动量。

（2）不要在湿滑、高低不平的场地和烈日下练习。

（六）提膝

1. 动作方法

右腿直立支撑，左腿屈膝提起（过腰），脚面绷直，并垂扣于右膝前侧。双手持龙珠上举于头上，目视前方（见图2-14）。

2. 动作要领

身体直立，挺胸、塌腰、收腹，平衡要稳，提膝过腰，脚尖内扣。

3. 易犯错误

（1）重心不稳。

（2）提膝不过腰。

4. 纠正方法

（1）加强下肢力量，控制身体重心。

（2）加强柔韧练习。

图2-14　提膝（舞龙珠）

5. 学练建议

（1）深蹲跳15—20个一组，三组，每组间隔1分钟。

（2）横叉、纵叉练习。

（七）前点步

1. 动作方法

站丁字步，左（或右）脚顺势向脚尖方向伸出，绷脚面，脚尖点地，大腿稍外旋（见图2-15）。

2. 动作要领

上体挺胸直立，身形挺拔，前点脚面绷直。

图2-15　前点步

3. 易犯错误

（1）勾脚尖。

（2）两脚交替不稳。

4. 纠正方法

（1）脚尖点地，脚跟离地。

（2）练习移动和控制身体重心。

5. 学练建议

（1）课前观看视频，了解动作的重点。

（2）练习身体重心前后左右的移动与控制。

四、舞龙珠的基本步法

舞龙珠的基本步法主要有四种：圆场步、矮步跑、弧形步、碾步。

（一）圆场步

1. 动作方法

双手持龙珠，两脚沿直线、弧线连续向前行步，脚跟先着地，然后逐步过渡到脚掌，两脚依次交替行进完成（见图2-16）。

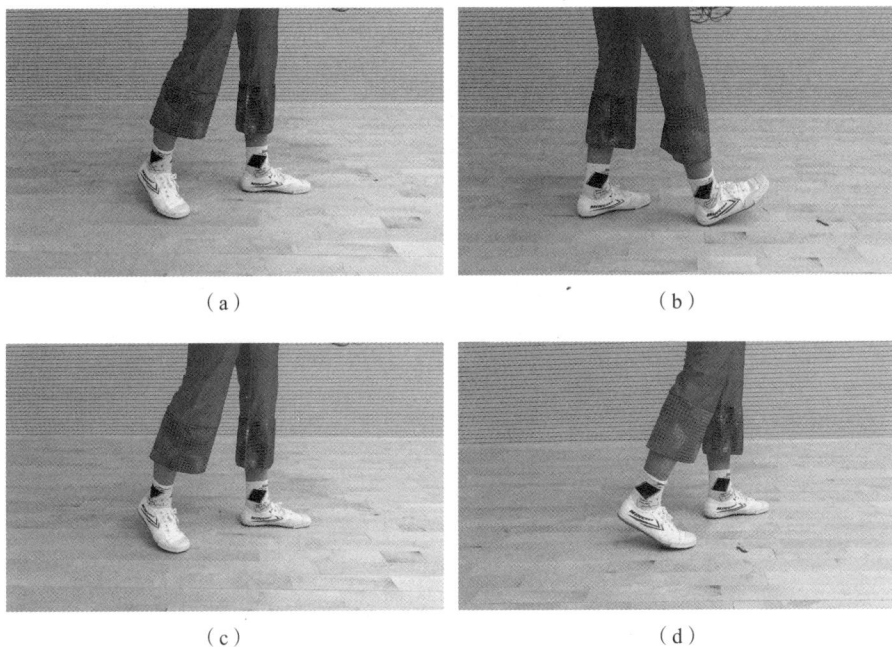

（a）　　　　　　　　　　　　　　（b）

（c）　　　　　　　　　　　　　　（d）

图2-16　圆场步（舞龙珠）

2. 动作要领

两脚依次过渡要连贯，身体重心要平稳。

3. 易犯错误

（1）步幅过大。

（2）全脚掌落地。

（3）上下起伏明显。

4. 纠正方法

（1）微弯膝行走。

（2）先脚跟后过渡到全脚掌。

（3）身体重心要平稳。

5.学练建议

（1）加强腿部力量的练习，增加下肢力量，提高身体重心的平稳度。

（2）循序渐进增加步数，一开始先进行2—3步的练习，再逐渐过渡到6—7步。

（3）借助绳梯练习，提高步频和协调性。

（二）矮跑步

1.动作方法

双手持龙珠，两腿屈膝半蹲，两脚向前行步，脚跟先着地，然后逐步过渡到脚掌，两脚依次交替，连线行进间完成（见图2-17）。

（a）　　　　　　　　　　　　　（b）

（c）

图2-17　矮跑步

2. 动作要领

两腿微屈，两脚依次过渡要连贯，身体重心要平稳。

3. 易犯错误

（1）直立跑。

（2）两脚虚实不分。

（3）路线不正确。

4. 纠正方法

（1）降低重心，两腿微屈。

（2）重心位置交替。

（3）练习矮跑步路线。

5. 学练建议

（1）矮步蹲弧线走练习。

（2）做深蹲等腿部力量的练习。

（三）弧形步

1. 动作方法

两腿微屈（或半蹲），两脚快速、连续地向内侧前方弧形行走步。顺时针右弧形走时，左脚尖微内扣，右脚尖微外撇；逆时针向左弧形走时，右脚尖微内扣，左脚尖微外撇（见图2-18）。

2. 动作要领

挺胸立背，拧腰裹胯；行步平稳、轻快，步幅均匀，重心平稳。

 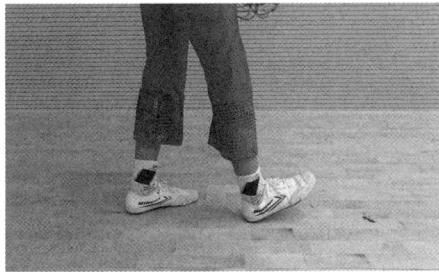

（a）　　　　　　　　　　　　　　　　（b）

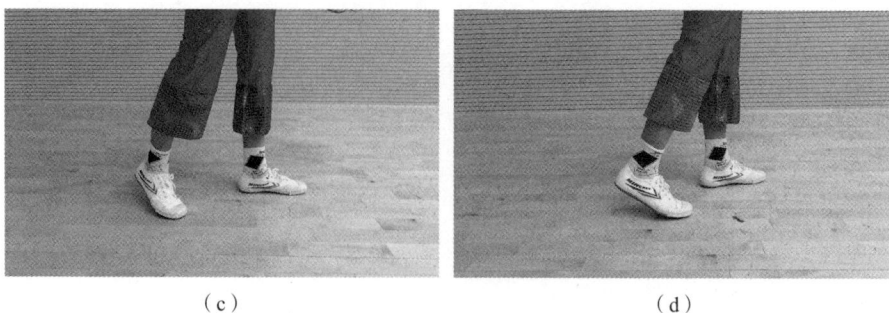

（c）　　　　　　　　　　　　（d）

图2-18　弧形步

3. 易犯错误

（1）两脚虚实不分。

（2）路线不正确。

（3）上体前倾。

4. 纠正方法

（1）重心位置左右腿灵活交替。

（2）练习半弧线跑。

（3）语言、口令提示与重复练习身体姿态。

5. 学练建议

（1）形步跑练习。

（2）持龙珠做弧线跑。

第二节 舞龙身的基本技术

一、龙身的基本握法

龙身的基本握法同样有四种：双手正常握、单手背握、双手背握、端握。

（一）双手正常握

1. 动作方法

双手持把，虎口朝上，掌心相对。左（或右）臂轴微弯曲，手握于把位末端与胸腹同高，右（或左）臂伸直，手握于把的中上端（见图2-19）。

图2-19 双手正常握（舞龙身）

2. 动作要领

挺胸，塌腰，手握把要平稳，把位离胸距离为10—15厘米。

3. 易犯错误

（1）末端留把。

（2）末端高度不够。

（3）把位离胸位置过近。

4. 纠正方法

（1）训练过程中教练口头提示、纠正。

（2）加强上肢力量的练习。

5. 学练建议

（1）体能练习俯卧撑，卧推等，加强上肢的练习。

（2）加强自我意识的管理，过程中时刻牢记动作要领。

（二）单手背握

1. 动作方法

右手虎口朝上，握住把杆中上段，把端贴紧后背腰处，右手肘关节压住把杆，以免把端脱出（见图2-20）。

图2-20　单手背握（舞龙身）

2. 动作要领

挺胸，收腹，立腰，右手肘关节压住把杆。

3. 易犯错误

（1）握把不稳。

（2）把杆晃动。

4. 纠正方法

（1）调节握把的位置。

（2）把端贴紧后背腰处。

5.学练建议

（1）利用龙骨做转肩、压肩动作。

（2）借助同伴的帮助来发展柔韧性。

（3）左右手交替持龙骨练习。

（三）端握

1.动作方法

双手持把将龙身端于身体两侧。即左手（或右手）手心朝下握把端，屈肘于胸腹处，右手（或左手）掌心朝上，握把杆中上端处，手臂伸直，右（或左）侧平举，龙身平行于地面。可站立、半蹲、弓步平端龙珠于体侧（见图2-21）。

图2-21　端握（舞龙身）

2.动作要领

双手端握要稳。

3.易犯错误

（1）臂宽过大或过小。

（2）把位倾斜。

（3）端握时手臂过高或过低。

4. 纠正方法

（1）语言提示纠错。

（2）加强手臂力量。

5. 学练建议

（1）平板支撑1—2分钟/组，间隙30秒3组。

（2）俯卧撑20个/组，间隙1分钟3组。

（3）2—3人一组，相互学习与纠错。

二、龙身的基本举法

龙身的基本举法有五种：举龙、擎龙、端龙、滑把、换手。

（一）举龙

1. 动作方法

各把位双手正常位握着龙杆，左手握住把端于胸腹前，右手握住龙杆中段位，将龙身举于头上方（见图2-22）。

图2-22 举 龙

2. 动作要领

挺胸，收腹，立腰；各把位的龙身高度一致；龙身根据动作需要，保持龙形的圆顺。

3. 易犯错误

（1）把杆与地面间的倾斜角度过大。

（2）把杆和人分离。

4. 纠正方法

（1）语言提示，自我观察。

（2）加快移动速度。

5. 学练建议

（1）手持哑铃上下推举，15个/组，每次3组。

（2）观察队友和自己的动作，相互学习纠错。

（3）单人持龙骨圆形跑位，控制身体的协调性。

（二）擎龙

1. 动作方法

双手正常位握住把杆，当龙身运行到最高点时，右手（或左手）握住把端，向上推举至最高点，与左手（或右手）相靠拢，将龙身高高举起（见图2-23）。

图2-23　擎　龙

2. 动作要领

擎龙达到最高点时，双手控制把杆不可左右倾倒；龙身根据动作需要，保持龙形的圆顺。

3. 易犯错误

（1）上举高度不够。

（2）身体与龙把脱离。

4. 纠正方法

（1）语言提示。

（2）加快移动速度。

5. 学练建议

（1）进行30米往返练习。

（2）2—3人一组持把杆练习，相互指导纠错。

（3）持把杆对照镜子练习。

（三）端龙

1. 动作方法

双手端握龙杆，将龙身端举于体侧做矮步圆场跑或平圆造型。可矮步、并步、弓步端龙（见图2-24）。

2. 动作要领

矮步端龙时，人体头部高度应低于龙身的高度；平端龙时，所有舞龙身者的龙身高度应在一个平面上；龙身根据动作需要，保持龙形的圆顺。

3. 易犯错误

（1）人头高于龙身。

（2）龙身高度不一。

（3）龙形不圆顺。

4. 纠正方法

（1）重心降低。

（a）

（b）

（c）

图2-24　端　龙

（2）语言提示，控制高度。

（3）控制身体起伏高度。

5. 学练建议

（1）练习深蹲，15个/组，一次做三组。

（2）相互配合，注意团队动作协调。

（四）滑把

1. 动作方法

一手握把端保持不动，另一手握把上下或左右侧滑动（见图2-25）。

图2-25　滑　把

2. 动作要领

滑动要连续，速度均匀。

3. 易犯错误

（1）双手同时动。

（2）滑把脱节。

（3）速度不均匀。

4.纠正方法

（1）一手握把杆保持不动。

（2）注意上肢的协调发展。

（3）控制速度。

5.学练建议

（1）练习平板支撑，1分钟/组，一次三组。

（2）抛接球练习。

（3）加强上肢力量训练。

（五）换手

1.动作方法

结合滑把动作，在滑动手接近固定手位，双手转换，滑动手握把成固定手位，固定手位变成滑动手位。

2.动作要领

换把手位时，要保持平稳，并随龙身轨迹运行。

3.易犯错误

（1）换手时机不正确。

（2）换手时把杆晃动。

（3）身体与把杆脱节。

4.纠正方法

（1）仔细观察，掌握时机。

（2）控制把杆，增加上肢力量的练习。

（3）保持平稳并随龙身转动。

5.学练建议

（1）手持哑铃上举，15个/组，共三组。

（2）持龙骨对照镜子练习。

（3）2—3人一组，相互观察，相互纠错。

三、舞龙身的基本步型

舞龙身的基本步型有四种：八字步、弓步、提膝、马步。

（一）八字步

1. 动作方法

两脚左右开立站立，两脚距离与肩同宽，脚尖微微外展（见图2-26）。

图2-26　八字步

2. 动作要领

抬头挺胸，收腹立腰；全体各把位八字步幅大小一致。

3. 易犯错误

（1）动作生硬、不够流畅。

（2）动作速度不一致。

4. 纠正方法

（1）加强基本功训练。

（2）强调团队协作。

5. 学练建议

（1）基本步法练习：如前进、后退、左右转等。

（2）技巧提升：如变速、变向等。

（3）力量训练：如深蹲、提踵等。

（二）弓步

1. 动作方法

右脚（或左脚）向前迈出，屈膝小腿垂直，脚尖朝前，左腿（或右腿）挺直，脚尖微内扣。重心在两脚中间，上身与右（或左）脚尖同一方向（见图2-27）。

图2-27 弓 步

2. 动作要领

前腿弓，后腿绷；挺胸、收腹、立腰。

3. 易犯错误

（1）弓步不到位。

（2）身体前倾。

（3）脚步不稳。

4. 纠正方法

（1）加强基础训练。

（2）注意动作要领。

（3）加强腿部力量训练。

5. 学练建议

（1）静态练习。首先，可以在没有舞龙的情况下，单独进行弓步的静态练习。通过反复调整前后腿的角度和位置，找到最适合自己的弓步姿势。

（2）动态练习。在掌握了静态弓步的基础上，可以开始进行动态练习。可在行进中配合一些简单的舞龙动作进行弓步的练习，逐渐提高难度和复杂度。

（3）配合音乐练习。将弓步的练习与音乐结合起来，通过音乐的节奏和韵律来更好地掌握弓步的步伐和动作。

（三）提膝

1. 动作方法

舞龙身者一只脚独立，另一只脚提于腹前，保持平衡（见图2-28）。

2. 动作要领

上体直立；平衡站稳，提膝过腰，脚内扣。

3. 易犯错误

（1）膝盖高度不够。

（2）动作速度过慢。

（3）与龙身动作不协调。

4. 纠正方法

（1）加强腿部力量训练。

图2-28 提 膝

（2）提高动作速度。

（3）加强舞龙与动作的协调练习。

5. 学练建议

（1）掌握动作要领。

（2）提高力量与柔韧性，进行深蹲、举腿、拉伸等练习。

（3）培养节奏感与协调性：听音乐、打节拍，使提膝动作和音乐相协调。

（四）马步

1. 动作方法

两腿平行开立，两脚间距离三个脚掌的长度，然后下蹲，脚尖平行向前，不可外撇。两膝向外撑，膝盖不能超过脚尖，大腿与地面平行（见图2-29）。

2. 动作要领

挺胸立腰，大腿水平，收胯敛臀。

图2-29 马 步

3. 易犯错误

（1）脚尖外撇。

（2）两脚之间距离过大或过小。

（3）弯腰跪膝。

4. 纠正方法

（1）注意脚跟的外蹬动作。

（2）量好距离后再下蹲。

（3）强调挺胸、塌腰后再下蹲。

5. 学练建议

（1）基础步法练习。初学者从简单的步法开始，如前进、后退、左右移动等，逐渐提高难度和复杂度。同时，要注重姿势的正确性和稳定性，确保每一步都能够保持平衡和稳定。

（2）节奏与韵律感。多听节奏感强的音乐，尝试跟随音乐的节奏进行步法训练。同时，要注重身体动作的协调性和流畅性，使步伐、音乐与舞龙的节奏相契合。

（3）舞龙技巧融合。在训练中尝试将马步步型与其他技巧，如转身、跳跃、盘旋等相结合，形成连贯、流畅的舞龙动作。

四、舞龙身的基本步法

舞龙身的基本步法有四种：圆场步、矮步、弧形步、跳跃步。

（一）圆场步

1. 动作方法

舞龙身者在行进过程中，左脚上一步，脚跟靠在右脚尖前，脚跟先着地，再移至前脚掌，同时右脚跟提起。右脚做法同左脚，两脚动作保持在一条直线上（见图2-30）。

2. 动作要领

大腿部分相互靠拢，膝微屈放松，行进速度快与慢走时，都要求身体平稳。

图2-30　圆场步（舞龙身）

3. 易犯错误

（1）步伐不稳。

（2）节奏不匀。

（3）转身不流畅。

4. 纠正方法

（1）加强基础训练。

（2）听音乐节奏。

（3）分解练习转身动作。

5. 学练建议

（1）学习基本步法：从基础步法开始学习，如前进、后退、左右移动等，逐渐过渡到圆场步的学习。

（2）身体协调训练：通过瑜伽、舞蹈等身体训练，提高身体的灵活性和稳定性。

（3）节奏感培养：通过听音乐、打节拍等方式，培养对节奏的感知和把握能力。

（二）矮步

1. 动作方法

两腿半屈，迅速连续地勾脚尖，并以脚跟到脚尖滚动的方式向前行进（见图2-31）。

图2-31　矮　步

2. 动作要领

挺胸，塌腰，上体微前倾；身体重心要平稳，不要有上下起伏的现象：落步时，由脚跟迅速过渡到全脚掌，并注意步幅。

3. 易犯错误

（1）身体不够低。

（2）步伐不匀。

（3）膝盖过度弯曲。

4. 纠正方法

（1）加强身体训练。

（2）注重节奏练习。

（3）控制膝盖弯曲幅度。

5. 学练建议

（1）掌握基本姿势：确保身体直立，但重心稍低；膝盖微屈，背部挺直，但不过于僵硬。

（2）步伐节奏训练：使用节拍器、跟随音乐、反复练习。

（3）力量与耐力提升：练习平板支撑、俯卧撑、跑步、游泳等。

（三）弧形步

1. 动作方法

两腿微屈，两脚迅速连续向前行进。每步大小略比肩宽，走弧形路线，眼注视龙身（见图2-32）。

2. 动作要领

挺胸、塌腰，身体重心要平稳，并随龙身上下运行起伏行进。落步时，由脚跟迅速过渡到全脚掌，并注意方向转换、转腰。

3. 易犯错误

（1）步伐不流畅。

（2）重心不稳。

（3）动作幅度过大或过小。

图2-32　弧形步（舞龙身）

4. 纠正方法

（1）加强基本步法训练。

（2）注重身体协调性练习。

（3）调整动作幅度。

5. 学练建议

（1）基本步法训练：前进、后退、左右移步。

（2）身体协调训练：平衡练习、核心力量训练、柔韧度训练等。

（四）跳跃步

1. 动作方法

右脚（或左脚）蹬地向上起跳，左脚（或右脚）向上，跳跃过龙杆（见图2-33）。

2. 动作要领

空中收腿，落地缓冲，顺势前行。

3. 易犯错误

（1）起跳不协调。

图2-33　跳跃步

（2）节奏把控不准。

（3）落地不稳。

（4）高度和力度不足。

4. 纠正方法

（1）加强身体协调训练。

（2）听音乐练习节奏。

（3）注重落地练习。

（4）增加力量训练。

5. 学练建议

（1）加强基本功训练，如原地跳跃、单脚跳，交叉跳等。

（2）培养节奏感，如听音乐、打拍子、跟随鼓点等。

（3）学习跳跃技巧，如转体跳跃、连续跳跃等。

第三章

常用舞龙造形技术动作训练

要想将龙舞得活灵活现，就要在掌握基本技术的基础上融汇贯通，运用各种基本动作组成造型，并做好各造型之间的衔接动作。本章主要介绍常用舞龙造型技术动作的训练，并给出一些代表性造型供读者参考。

第一节　舞龙造形基础动作训练

一、"8"字形舞龙动作

舞龙者将龙身在人体左右两侧交替做"8"字形环绕的舞龙动作，可快可慢，可原地可行进，也可利用人体组成多种姿态，多种方法做"8"字形舞龙动作。在做"8"字形舞龙动作时，前后队员的距离要适中，确保龙身运动轨迹柔顺流畅，人体造型姿态要优美。快舞龙要突出速度、幅度、力度，给人以力量美的感受。每个动作左右舞龙各不少于4下。

（一）双手"8"字形舞龙

1. 动作方法

舞龙者双手持把杆，向上举起，双脚张开与肩同宽，在龙珠引导下，模拟龙在空中飞行时的"8"字形轨迹（见图3-1）。

2. 动作要领

（1）龙身运动的轨迹要圆顺，人体造型姿态要优美。

（2）快舞龙时要突出速度，但不可牺牲动作的准确性。

（3）动作要有力，确保龙身的起伏和转动都有明显的波动感。

3. 易犯错误

（1）动作不圆顺。

（2）力量不足。

（3）动作不协调。

（a）

（b）

图3-1　双手"8"字形舞龙

4. 纠正方法

（1）强化对动作的概念。

（2）加强力量练习。

（3）进行定型练习。

5.学练建议

（1）加强基础体能训练，如俯卧撑、引体向上、跳绳等。

（2）理解动作要领，如龙的运动轨迹、身体的姿态、观看教学视频等。

（3）持续练习与反馈。

（二）快舞龙磨转

1.动作方法

龙头（领队）开始向左或向右做出一个快速转身的动作，舞龙身的队员需要紧随其后，配合龙头的动作，龙头继续带领龙身围绕圆心快速旋转，其他队员同步跟随，整体形成磨转的效果，在完成一定数量的旋转后，龙头开始逐渐减小旋转半径，缓慢地引导龙身回归初始位置（见图3-2）。

（a）

（b）

图3-2　快舞龙磨转

2. 动作要领

整个旋转过程中最重要的是队员之间的协调一致性；旋转的速度要均匀，不能忽快忽慢，需要有良好的节奏感；队员之间要保持适当的间距，避免相互碰撞或造成龙身纠缠。

3. 易犯错误

（1）旋转中心不稳定。

（2）队员间配合不默契。

（3）速度控制不当。

4. 纠正方法

（1）明确旋转中心。

（2）增加团队协作练习。

（3）跟随节拍旋转练习。

5. 学练建议

（1）分步学习，先从基础的旋转开始，逐步增加旋转的速度和复杂度。

（2）重视团队协作，在练习过程中，要注重培养团队精神和默契。

（3）保持体力和耐心，快舞龙磨转需要较高的体力支持，保持良好的体能状态。

（三）跳龙直躺舞龙

1. 动作方法

全体成一横排，快舞龙中，龙头沿顺时针方向划一立圆，各龙节依次跳跃龙身；落地后，各节队员快速依次仰卧在地，而前一节队员正好躺在后面队员的腹部，随龙头躺地做"8"字形舞龙6次以上（见图3-3）。

2. 动作要领

直躺迅速，落位成直线；后把位直躺双脚分开，紧贴前把位的腰腿两侧；"8"字形左右舞动时，上身可随"8"字形舞左右转腰，两臂左右

图3-3　跳龙直躺舞龙

幅度舒展，控制把头高度，确保龙形饱满、圆顺，龙身不擦地。

3. 易犯错误

（1）动作不标准。

（2）队员配合不协调。

（3）倒地动作不流畅。

（4）龙身舞动不连贯。

4. 纠正方法

（1）反复练习基本动作。

（2）队员加强沟通和练习。

（3）加强柔韧性练习。

（4）加强对龙身的操控能力。

5. 学练建议

（1）练习基础技巧：如正确的持龙姿势，龙身的操控方法、基础的舞龙动作等。

（2）进行拉伸训练、力量训练、有氧训练等，提升身体素质。

（3）通过参加团队训练、模拟表演，增强团队协作能力。

（四）跳龙摇船舞龙

1.动作方法

快舞龙中，龙头沿顺时针方向划一立圆，各龙节依次跳跃；龙身落地后，双数队员左转四分之一周，单数队员右转四分之一周（可通过左右报数的方式决定队员编号），再迅速交叉横卧在地，身体圆背似船一样前后据摆；随后，双手持杆随摇摆方向做"8"字形舞龙6次以上（见图3-4）。

（a）

（b）

图3-4　跳龙摇船舞龙

2. 动作要领

各把位坐地应成一直线；摇船时圆背，双脚屈膝，脚踝相扣，双脚摇到地面时，向后蹬地，双脚摇到空中时，双脚下压，带动上半身运动；前后摇船状"8"字形舞动时，控制把头高度，确保龙形饱满、圆顺，龙身不擦地。

3. 易犯错误

（1）缺乏连贯性。

（2）节奏不统一。

（3）身体僵硬，缺乏表现力。

4. 纠正方法

（1）提高身体协调性和灵活性。

（2）加强沟通配合。

（3）加强身体柔韧性，提高动作的表现力。

5. 学练建议

（1）模拟摇船动作，学习如何平衡全身。

（2）听音乐、拍节奏。

（3）与团队分享经验和学习心得。

（五）绕身舞龙

1. 动作方法

全体队员先迈"大八字步"，呈"一"字形站位。在龙珠引导下，龙头带领龙身各把位队员快速"8"字形舞龙时，3号、5号、7号、9号单数把位的队员分别从2号、4号、6号、8号双数把位的队员身前绕一周，顺势完成"8"字形舞动（见图3-5）。

2. 动作要领

绕身流畅、准确，不可停顿。

3. 易犯错误

（1）动作不协调。

（a）

（b）

（c）

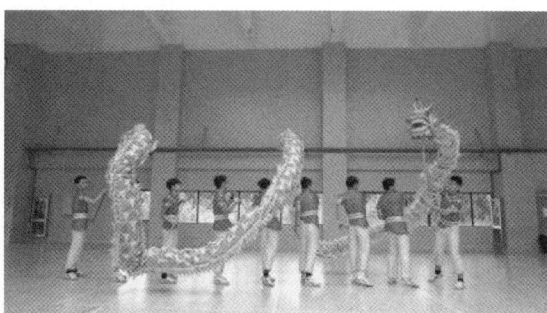

（d）

图3-5　绕身舞龙

（2）龙身动作僵硬。

（3）节奏不稳。

4. 纠正方法

（1）加强团队配合练习。

（2）注重舞者对龙身形态的理解与把握。

（3）加强节奏训练。

5. 学练建议

（1）加强前进、后退、左右移动、转身等基本步法训练。

（2）掌握龙身的起伏、转折、摆动等操控技巧。

（3）反复练习，熟悉绕身动作的技巧和要点。

（六）K式舞龙（三人一组）

1.动作方法

全体队员迈"大八字步"，呈"一"字形站位。在龙珠引导下，龙头带领龙身各把位队员快速"8"字形舞龙时，2号、4号队员向3号靠拢，同时3号队员转身紧靠2号队员背，4号队员右脚上前一步靠近2号队员的臀部，呈弓步站立，紧接着双脚夹住4号队员的腰部，坐在4号队员的大腿上，顺势完成"8"字形舞动。5号、6号、7号、8号、9号队员动作与2号、3号、4号队员动作一样（见图3-6）。

图3-6　K式舞龙（三人组）

2.动作要领

转身—靠背—弓步—夹腰动作衔接迅速、协调、果断，一气呵成；马步者身体略前倾，弓步者身体稍后仰；夹腰者两脚踝勾紧，不左右晃动；挺胸收腹立腰；龙形运动轨迹顺畅，不脱节，不碰把。

3. 易犯错误

（1）动作不协调。

（2）节奏不稳定。

（3）力度不均匀。

4. 纠正方法

（1）加强团队之间的沟通和默契。

（2）通过鼓点或音乐来控制节奏。

（3）力量训练和动作练习。

5. 学练建议

（1）基础训练：核心肌群的力量训练。

（2）分解练习，掌握每个动作的细节和要领。

（3）加强与队友之间的沟通和配合。

（七）连续抛接龙头横移（跑）步舞龙

1. 动作方法

替换龙头队员与舞龙头的队员站一直线上，左右相隔2—3米距离，舞龙头的队员先舞一次"8"字形舞龙，再将龙头抛向替换龙头队员；替换龙头队员接住龙头，舞一次"8"字形舞龙后，将龙头抛还给舞龙头队员，如此反复。其他队员跟随龙头位置的移动而左右移（跑）步舞龙（见图3-7）。

2. 动作要领

抛接龙头时，力度要适中，动作要均匀有序；在整个动作过程中，龙身应保持稳定，不可出现剧烈晃动或扭曲。

3. 易犯错误

（1）配合不默契。

（2）抛接力度控制不当。

（3）横移步时空间判断失误。

4. 纠正方法

（1）增加无龙杆的配合练习。

（a）

（b）

（c）

图3-7　连续抛接龙头横移（跑）步舞龙

（2）在不同的高度和距离下练习抛接。

（3）标记移动路径。

5. 学练建议

（1）分步骤练习，如单独练习抛接动作、单独练习横移步等，逐一掌握每个步骤后再组合起来练习。

（2）慢速到快速，从慢速开始练习，确保每个队员都能准确无误地完成动作，逐渐加快速度，直至达到正常表演节奏。

（3）反复演练，反复进行全套动作演练，专注于改进动作的流畅性和准确性。

二、游龙动作

在游龙动作中，舞龙者以较大幅度奔跑游走，通过龙身快慢、高低、左右的起伏行进，展现婉转回旋、左右盘旋、屈伸绵延等动态特征。游龙动作要求龙身运动遵循圆、曲、弧线的运动规律，人体姿态协调地随龙身的起伏游动行进。

（一）"一"字形同向站位游龙

1. 动作方法

2号至9号队员站成一纵排。面向龙珠、龙头，在龙珠的引导下，龙头带领下，原地或行进间做上下起伏的基本动作和难度动作（见图3-8）。

2. 动作要领

保持动作的高度一致性，做游龙动作时，要注意动作的流畅性，避免生硬或断断续续的运动。

3. 易犯错误

（1）队形不整齐。

（2）动作不同步。

（3）力度不均匀。

图3-8　"一"字形同向站位游龙

4. 纠正方法

（1）通过标志物定义位置。

（2）通过口令或音乐来统一节奏。

（3）力量和耐力训练。

5. 学练建议

（1）加强基础体能训练，如手臂、腰部力量训练。

（2）分解动作学习。

（3）反复演练。

（二）"U"形站位游龙

1. 动作方法

以5号队员为中心，1号至4号队员与9号至6号队员平行站位，形成一个"U"形，龙头、龙尾在原地或行进中同步做左侧、右侧、内侧、外侧上下起伏的基本动作和难度动作（见图3-9）。

2. 动作要领

在舞龙过程中，负责龙身的队员们需要跟随龙头的节奏，通过手臂

（a）

（b）

（c）

（d）

图3-9 "U"形站位游龙

的挥动和步伐的移动来模拟龙的波动。队员需要注意控制力度，既要有力又要柔韧。

3. 易犯错误

（1）队形不整齐。

（2）动作不同步。

（3）龙身控制不当。

4. 纠正方法

（1）使用标志物。

（2）明确节奏信号。

（3）进行龙身控制训练。

5. 学练建议

（1）加强基础体能训练。

（2）进行分解动作学习。

（3）开展团队协作练习。

（三）圆形站位游龙

1. 动作方法

在龙珠引导下，龙头带领龙身顺时针或逆时针跑圆场，做举龙、端龙的盘旋，以及做上下起伏的基本动作和难度动作（见图3-10）。

2. 动作要领

龙头的舞动需要有力且富有韵律感，龙身的队员们需要跟随龙头的节奏，通过手臂的挥动和步伐的移动来模拟龙的波动，龙尾的动作相对较小，但也需要与龙头和龙身的动作相协调。

图3-10　圆形站位游龙

3. 易犯错误

（1）队形不整齐。

（2）动作不一致。

（3）龙身控制不当。

4. 纠正方法

（1）使用标志物。

（2）统一口令或音乐节奏。

（3）调整手臂和腰部的力量。

5. 学练建议

（1）加强基础体能训练。

（2）进行分解动作学习。

（3）开展团队协作练习。

（四）快速曲线起伏行进

1. 动作方法

在龙珠引导下，龙头带领龙身各把位逆时针（或顺时针）方向跑大圆场，行进中，通过各把位"直立高举龙""矮步端龙"的不断变化，使龙身做上下流线状起伏行进（见图3-11）。

2. 动作要领

跑动中注意前后之间的距离和速度的变化；龙形轨迹顺畅，龙身饱满，不塌肚，不脱节。

3. 易犯错误

（1）队形不整齐。

（2）动作不一致。

（3）龙身控制不当。

4. 纠正方法

（1）使用标志物。

（2）统一口令或音乐节奏。

图3-11 快速曲线起伏行进

（3）调整手臂和腰部的力量。

5.学练建议

（1）加强基础体能训练。

（2）进行分解动作学习。

（3）开展团队协作练习。

（五）单侧起伏小圆场

1. 动作方法

龙珠引龙身逆时针（或顺时针）方向走小圆场，同时龙身在舞龙者右（或左）侧快速大幅度上下起伏（见图3-12）。

2. 动作要领

注意调整好前后的距离，把控速度节奏；保持龙形轨迹圆顺，龙身饱满，不塌肚。

3. 易犯错误

（1）队形不整齐。

图3-12　单侧起伏小圆场

（2）动作不一致。

（3）龙身控制不当。

4. 纠正方法

（1）使用标志物。

（2）统一口令或音乐节奏。

（3）调整手臂和腰部的力量。

5. 学练建议

（1）加强基础体能训练。

（2）进行分解动作学习。

（3）开展团队协作练习。

（六）起伏行进

1. 动作方法

在龙珠引导下，龙头带领龙身各把位矮步顺时针或逆时针跑圆场，上下起伏行进（见图3-13）。

图3-13　起伏行进

2. 动作要领

注意调整好前后的距离，保持龙形的饱满、不塌肚。

3. 易犯错误

（1）队形不整齐。

（2）动作不一致。

（3）龙身控制不当。

4. 纠正方法

（1）加强队员对空间位置的感知和记忆。

（2）采用口令、鼓点或音乐节奏来统一队员的动作节奏。

（3）进行龙身控制训练。

5. 学练建议

（1）加强基础体能训练。

（2）进行分解动作学习。

（3）开展团队协作练习。

（七）直线（曲线、圆场）越障碍行进

1. 动作方法

龙头带领龙身各把位跑成直线（或曲线），舞龙珠者右侧平端龙珠，珠杆做反方向运动，龙头带领各把位依次跳过龙珠杆障碍。可直线跑越障碍，也可曲线行进跑越障碍（见图3-14）。

图3-14　直线（曲线、圆场）越障碍行进

2. 动作要领

注意调整好前后的距离，保持龙形的饱满、不塌肚；跳跃把杆时，起跳果断，空中收腿，落地轻巧；动作转换时，保持龙形轨迹顺畅，龙身饱满不塌肚、不松垮。

3. 易犯错误

（1）路线不准确。

（2）速度控制不当。

（3）姿势不正确。

4. 纠正方法

（1）标记关键点和障碍位置。

（2）合理控制速度。

（3）保持正确的身体姿势。

5. 学练建议

（1）掌握基本技巧与动作。

（2）注重节奏与呼吸的配合。

（3）多练习并总结经验。

（八）快速矮步跑圆场越障碍（矮步2周以上）

1. 动作方法

龙头带领龙身各把位顺时针或逆时针做快速矮步跑圆场上下起伏行进；舞龙珠者右侧平端龙珠，珠杆做反方向运动，龙头带领各把位依次跳跃过龙珠杆障碍（见图3-15）。

（a）

（b）

图3-15　快速矮步跑圆场越障碍（矮步2周以上）

2. 动作要领

龙珠杆平行于地面，龙珠接近地面但不碰地；跳跃把杆时，起跳果断，空中收腿，落地轻巧；跃障碍时，保持龙形饱满、顺畅，龙身不塌肚、不松垮。

3. 易犯错误

（1）身体姿势不正确。

（2）脚步过大。

（3）忽视呼吸配合。

4. 纠正方法

（1）身体挺直，但不僵硬，重心稳定。

（2）小步快跑。

（3）深呼吸和节奏性的呼吸。

5. 学练建议

（1）强化力量训练、柔韧性训练、协调性和平衡能力训练等基础训练。

（2）掌握正确的身体的姿态控制、步幅、步频以及呼吸的配合方法。

（3）保持积极的心态，勇于尝试和挑战。

（九）快速跑斜圆场

1. 动作方法

在龙珠引导下，龙头带领龙身沿逆时针（或者顺时针）方向快速跑圆场，同时龙身呈前低后高的斜圆盘状旋转两周以上。所有队员的身体随龙身的升降而不断改变自身姿态和持杆滑把动作（见图3-16）。

图3-16　快速跑斜圆场

2. 动作要领

所有队员做向心力跑动；保持整条龙的运行轨迹；跑动中注意前后之间的距离和速度、路线的变化，做到快而不乱；龙形轨迹顺畅，龙身饱满，不塌肚，不脱节。

3. 易犯错误

（1）动作不规范。

（2）速度控制不当。

（3）方向感不足。

4. 纠正方法

（1）观看教学视频或图示。

（2）定期进行速度控制练习。

（3）设置明显的标志物。

5. 学练建议

（1）进行基础步伐训练，如跑步、小碎步、交叉步等。

（2）注重龙头、龙身、龙尾的协同配合，确保龙身在跑动中保持平稳和连贯。

（3）根据音乐或口令的变化来调整、把握速度和节奏。

第二节　舞龙穿腾、跳跃与翻滚技术训练

一、穿腾动作

舞龙运动中的穿腾动作是穿越动作与腾跃动作的合称。其中，龙珠、龙头、龙节依次在龙身下穿过，称"穿越"；龙珠、龙头、龙节依次在龙身上跃过，称"腾跃"。在穿腾动作中，龙身运动路线呈纵横交叉形式，可表现出龙腾云驾雾，翻江倒海的磅礴气势。在穿越或腾跃时，龙形须保持饱满，速度均匀，运动轨迹流畅，穿腾动作轻松利落，不碰踩龙身，不拖地，不停顿。

（一）穿龙尾

1. 动作方法

在龙珠引导下，龙头带领龙身按顺时针方向跑圆场成圆之后，龙珠顺势带领龙头、龙身从第8节龙身下穿过（见图3-17）。

2. 动作要领

龙身运行轨迹圆顺，不塌肚、不脱节、不擦地。

3. 易犯错误

（1）队形混乱。

（2）龙身控制不当。

（3）穿越时机不准确。

4. 纠正方法

（1）加强队员对空间位置的感知和记忆。

图 3-17　穿龙尾

（2）进行专项的龙身控制训练。

（3）加强对穿越时机的判断训练。

5. 学练建议

（1）进行身体柔韧性训练，练习基础步法和转身等，模拟穿龙尾动作。

（2）明确角色和职责，增强团队沟通，集体练习和磨合，培养团队意识。

（3）检查器材状况，遵循安全操作规程。

（二）跃龙尾

1. 动作方法

在龙珠引导下，龙头带领各把位逆时针（或顺时针）方向跑圆场成圆之后，龙珠顺势带领龙头、龙身依次跨越龙尾把杆（或第8节龙身）行进（见图3-18）。

2. 动作要领

龙身运行轨迹圆顺，不塌肚、不脱节；龙身不擦地；跳跃龙身时，不碰踩龙身。

图3-18 跃龙尾

3. 易犯错误

（1）动作不够圆顺。

（2）龙身运动与人体脱节。

（3）动作速度不统一。

4. 纠正方法

（1）左右两侧的队员在舞龙时注意向上推送把杆。

（2）加强对龙身运动规律的认识和专业基本功的训练。

（3）加强队员之间的配合训练。

5. 学练建议

（1）掌握舞龙的基本动作和步伐。

（2）组织团队训练活动、增加团队互动游戏。

（3）加强安全意识教育和体能训练。

（三）首尾穿跃肚

1. 动作方法

在龙珠引导下，龙头带领各把位举龙（或端龙）逆时针（或顺时针）方向跑圆场，成圆后，龙头带领2号、3号、4号队员；龙尾带领8号、7号、6号队员同时从第4节、第5节龙身下（或上）依次穿（或跃）过，5号队员沿龙身运行方向迅速解开疙瘩（见图3-19）。

（a）

（b）

图3-19　首尾穿跃肚

2.动作要领

穿越龙身时，龙头龙尾所带队员要同步行进；保持龙形运行轨迹流畅、圆顺，不脱节、不塌肚、不擦地。

3.易犯错误

（1）同步性不足。

（2）力度控制不当。

（3）技术不熟练。

4.纠正方法

（1）加强龙头与龙尾之间的沟通和默契。

（2）注重力度的分配和控制。

（3）反复练习。

5.学练建议

（1）分解动作练习：将首尾穿越动作分解成几个简单的步骤，逐一练习，然后逐渐组合起来。

（2）力量和柔韧性训练：增强舞者的身体力量和柔韧性，尤其是腰腹和上肢的力量。

（3）模拟比赛环境：在模拟比赛的环境下练习，以提高队员们在实际表演时的应变能力。

（四）快速连续穿越行进

1.动作方法

龙珠引龙身举龙行进，左转穿越第4节龙身，当第1节龙身到达6号队员脚下时，6号队员迅速起跳腾空跃过第1节龙身，随后7号、8号、9号队员顺势依次腾跃第2节、第3节、第4节龙身，连续重复穿腾3次以上（见图3-20）。

2.动作要领

龙身必须一环扣一环，保持一个半环状；起跳腾跃果断，空中收腿，落地缓冲，随龙形轨迹前行；动作穿腾转换时，保持龙身顺畅、不

（a）

（b）

图3-20 快速连续穿越行进

碰踩龙身，不塌肚，不停顿、不擦地。

3.易犯错误

（1）配合不默契。

（2）节奏不一致。

（3）速度控制不当。

（4）空间判断失误。

4. 纠正方法

（1）加强沟通与练习。

（2）统一节奏与步伐。

（3）精确控制龙头龙尾。

（4）空间感知训练。

5. 学练建议

（1）加强踏步、转体、有氧运动等基础训练。

（2）进行分解动作练习、模拟练习、龙具操作等技术训练。

（3）进行完整动作练习、速度与节奏控制、空间感知训练。

（五）龙穿身

1. 动作方法

龙珠引龙头做"8"字形舞龙二次，然后带领龙头和2号、3号、4号队员，逆时针方向穿过第5节龙身；紧接着6号队员引7号、8号、9号队员顺时针方向穿过第5节龙身，随龙头行进（见图3-21）。

2. 动作要领

龙身的舞者需要协调一致地调整龙身的弯曲度和张力，整个动作需要在统一的节奏下进行，避免快速或慢速导致的不协调。

3. 易犯错误

（1）龙头与龙身碰撞。

（2）龙身过于松弛或紧张。

（3）节奏不一致。

4. 纠正方法

（1）加强龙头与龙身之间的沟通。

（2）开展专门的龙身控制训练。

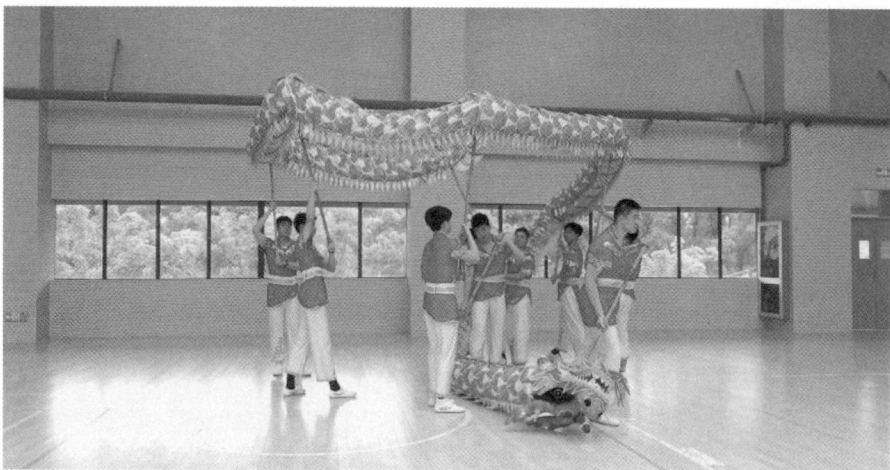

图3-21　龙穿身

（3）使用节拍器或鼓点来控制节奏。

5.学练建议

（1）分解练习。各队员逐一练习龙头的移动、龙身的弯曲等，直到每个人都能熟练地完成自己的部分。

（2）整体演练。当所有队员都掌握了各自的动作后，再进行整体的配合演练，重复练习直到整个动作流畅自然。

（3）视觉辅助。使用地面标记或视觉辅助工具帮助队员更好地理解和执行动作。

二、跳龙动作与翻滚动作

在舞龙运动中，龙身做立圆或斜圆状连续运动，当龙身运动到舞龙者脚下时，舞龙者向上跳起，依次跃过龙身的动作称"跳龙动作"；龙身同时或依次做360度翻转，运动员利用滚翻、手翻等方法越过龙身的动作，称"翻滚动作"。在此类动作中，龙身呈立圆、斜圆或平圆状连续运动，展现龙的腾跃、翻滚的动势。这类动作必须在不影响龙身运动速度、幅度、美感的前提下完成，难度较大，技术要求也高，龙身运行轨迹要流畅，龙行要圆顺，运用翻滚技巧动作要准确规范、干净利索。

（一）快速逆（顺）向跳龙

1. 动作方法

在龙珠引导下，龙头带领龙身各把位举龙快速直线行进。随后，龙珠引导龙头按逆（顺）时针方向做立圆状连续运动，2号、3号、4号、5号、6号、7号、8号、9号队员顺势依次跳跃第1、第2、第3、第4、第5、第6、第7、第8节龙身，并随龙头带领方向行进（见图3-22）。

（a）

（b）

图3-22　快速逆（顺）向跳龙

2. 动作要领

腾跳动作轻巧、干净利索，龙身运动轨迹顺畅；龙身不可触地。

3. 易犯错误

（1）节奏不一致。

（2）速度过快导致动作不准确。

（3）体力分配不合理。

4. 纠正方法

（1）加强节奏训练。

（2）强调速度与质量并存。

（3）合理安排体力。

5. 学练建议

（1）逐步提升训练强度。每位队员都掌握相应的基本技巧、逐渐增加动作的速度和连贯性、始终注重动作的准确性和安全性。

（2）强化团队协作与沟通。强调龙头与龙尾之间的配合和默契、使用视觉或听觉信号来帮助同步动作、模拟实战条件。

（3）重视身体素质与力量训练。加强下肢力量、增强核心肌群、提高整体耐力。

（二）大立圆螺旋行进

1. 动作方法

龙头在龙珠引导下，按顺时针方向进行大立圆行进，使龙身呈连续螺旋状翻转行进。当龙身翻转到各队员脚下时，队员依次跳过龙身，随龙形运行轨迹行进3周以上（见图3-23）。

2. 动作要领

立圆要呈圆形，龙身饱满圆顺；队员在跳过龙身时不碰踩龙身；龙身不擦地。

3. 易犯错误

（1）节奏不同步。

（a）

（b）

图 3-23　大立圆螺旋行进

（2）力量分配不均。

（3）身体协调性不足。

4. 纠正方法

（1）加强节奏感训练。

（2）力量控制的专项训练。

（3）提高协调能力。

5. 学练建议

（1）强化基础体能和力量训练，加强下肢力量和核心肌群力量、提高整体耐力。

（2）重视节奏感和配合训练，增加队员间的配合练习、模拟实战条件。

（3）逐步提升训练强度。

（三）快速连续斜盘跳龙（3次以上）

1. 动作方法

全体队员迈"大八字步"，呈"一"字形同向站位。在龙珠引导下，龙头带领龙身各把位队员做顺时针（或逆时针）方向斜圆状轨迹运行；当龙身依次运行到2—9号队员脚下时，2—9号队员顺势依次迅速跳过第1节到第8节龙身。如此反复3次以上，使龙身连续斜盘状翻转（见图3-24）。

2. 动作要领

各队员在跳跃龙身时，落地下蹲，将自己手持的把节顺势送到下一名队员的脚下；龙身不可擦地；动作转换时，保持龙身顺畅、不碰踩龙身，不塌肚，不停顿。

3. 易犯错误

（1）节奏不同步。

（2）龙头控制不当。

（3）身体协调性不足。

4. 纠正方法

（1）加强节奏感训练。

（2）龙头控制训练。

（3）身体协调性训练。

5. 学练建议

（1）分解动作练习。分解—逐一练习—逐步组合。

（a）

（b）

图3-24 快速连续斜盘跳龙（3次以上）

（2）反应能力训练。通过障碍跑、反应球等，提高舞者的反应速度和协调性。

（3）模拟实战演练。在模拟比赛条件下练习斜盘跳龙。

（4）团队协作练习。通过团队建设活动增强队员间的默契。

（四）快速连续螺旋跳龙（4次以上）

1. 动作方法

全体队员迈"大八字步"，呈"一"字形同向站位。在龙珠引导下，龙头带领龙身各把位队员做顺时针（或逆时针）方向立圆状轨迹运行：当龙身依次运行到2—9号队员脚下时，2—9号队员顺势依次迅速跳过第2节到第8节（或第1节到第8节）龙身。如此反复4次以上，使龙身连续螺旋翻转（见图3-25）。

图3-25　快速连续螺旋跳龙（4次以上）

2. 动作要领

各队员在跳跃龙身时，起跳果断，收腿跳；龙身不可擦地；动作转换时，保持龙身顺畅、不碰踩龙身，不塌肚，不停顿。

3. 易犯错误

（1）龙身变形。

（2）跳跃不一致。

（3）身体失控。

4.纠正方法

（1）加强龙身控制的训练。

（2）用节拍器或指挥者来统一跳跃节奏。

（3）加强身体素质训练。

5.学练建议

（1）分解动作练习。分解—逐一练习—逐步组合。

（2）反应能力训练。通过障碍跑、反应球等，提高舞者的反应速度和协调性。

（3）模拟实战演练。在模拟比赛条件下练习斜盘跳龙。

（4）团队协作练习。通过团队建设活动增强队员间的默契。

第三节　组图造型动作

　　跳龙运动中的组图造型动作是指能让龙身在运动中组成活动的图案或者相对静止的造型的各种动作。组图造型动作讲求活动图案构图清晰，静止造型形象逼真，以形传神，以形传意，与龙珠配合协调，组图造型连接、解脱紧凑、利索。以下组图（图3-26至图3-35）是一些舞龙运动中常见的组图造型。

图3-26　龙门造型

图3-27　尾盘造型

（a）

（b）

图3-28　曲线造型

图 3-29　龙出宫造型

图 3-30　蝴蝶盘花造型

（a）

（b）

图3-31　组字造型

（a）

（b）

图 3-32　龙舟造型

图3-33 五星造型

图3-34 大横八字花造型

图3-35　元宝造型

第四章

舞龙运动体能强化训练

体能，从广义上讲是人体在环境适应过程中所表现出来的综合能力，具体指身体健康方面的状态和身体在体育活动中表现出来的能力。

舞龙是一项对身体素质要求较高的活动，它不仅需要良好的基本体能，还需要特定的技能和协调性。因此，在舞龙练习中，身体素质训练也分为一般体能训练和专项体能训练。一般体能训练为舞龙运动员提供了必要的体能基础，包括：耐力、力量、柔韧性、协调性、速度和敏捷性。专项体能训练则更侧重于舞龙运动的特定技能和需求，包括：节奏感、空间感知能力、团队协作、技巧熟练度、心理素质。

为了全面提升舞龙运动员的身体素质，训练计划应结合一般体能训练和专项体能训练，同时还要注意适当的休息和恢复，以确保运动员能持续进步并避免过度训练和受伤。此外，合理的饮食和生活习惯也是支持运动员达到最佳表现的关键因素。

第一节　一般体能训练

一、开合跳跃

1.动作方法

双腿分开向外侧跳跃，同时双手举过头顶并拍手，然后跳回起始位置，重复进行（见图4-1）。

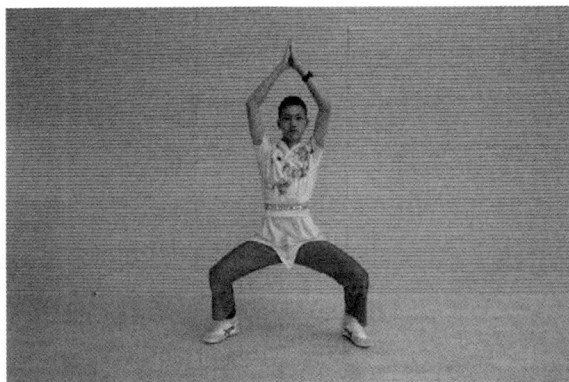

图4-1　开合跳跃

2.练习要求

保持均匀的跳跃节奏，配合呼吸开腿时吸气，闭腿时呼气，手臂和腿部动作幅度要大，但不要过度摆动，从短时间（如30秒）开始，逐渐增加至几分钟。

3.学练建议

（1）逐步增加难度。初学者应该从低强度练习开始，随着体能提高逐渐增加速度和持续时间。

（2）多样化训练。可以将开合跳跃与其他类型的有氧运动结合起来，如慢跑、跳绳等，以增强训练效果。

（3）穿着适当装备。选择一双有良好缓冲和支撑功能的运动鞋，减少对膝盖和脚踝的冲击。

二、提膝下压

1. 动作方法

一条腿直接向前提起，直到大腿与地面平行，或者尽可能地高，同时保持身体平衡。在大腿提起的同时，用力下压前脚掌，好像试图用膝盖触碰到胸部。缓慢放下提起的腿，回到初始位置，然后换另一条腿重复上述动作（见图4-2）。

图4-2　提膝下压

2. 练习要求

动作速度要控制在自己的能力范围内，避免过快导致失衡。在提膝时吸气，下压时呼气，保持平稳的呼吸节奏。

3. 学练建议

（1）两边的腿都要进行相同的训练量，以保证肌肉发展的均衡性。

（2）在进行提膝动作时，要激活核心肌群，以帮助保持身体的稳定性。

（3）可以将提膝下压与其他下肢力量训练或灵活性训练结合起来，以达到更全面的锻炼效果。

三、半蹲

1.动作方法

保持背部直立，腹部收紧，慢慢下蹲，臀部向后移动，在下蹲的过程中，注意膝盖不要超过脚尖，并且膝盖的方向要与脚尖保持一致。下蹲时吸气，起立时呼气（见图4-3）。

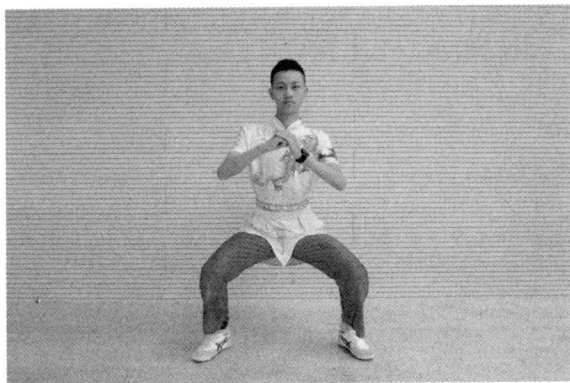

图4-3　半　蹲

2.练习要求

膝盖不超过脚尖，在下蹲和起立的过程中，膝盖应保持稳定，避免内扣或过度外翻。想要增加难度的人，可以加入哑铃、杠铃等负重器械，但要注意动作的准确性。

3.学练建议

（1）初学者应从无负重的半蹲开始，随着力量的增加逐渐增加重量。

（2）在整个动作过程中，要保持核心紧张，以提高稳定性并保护脊椎。

（3）为了达到最佳的训练效果，应该保持规律的训练频率。

四、腹部屈伸

1. 动作方法

起始姿势，吸气，然后在呼气的同时，利用腹部的力量将上半身抬起，在上半身抬起的位置稍作停顿，慢慢地在吸气的过程中将上半身放回地面，回到起始姿势。确保呼吸顺畅，不要屏气抬起时呼气，下降时吸气（见图4-4）。

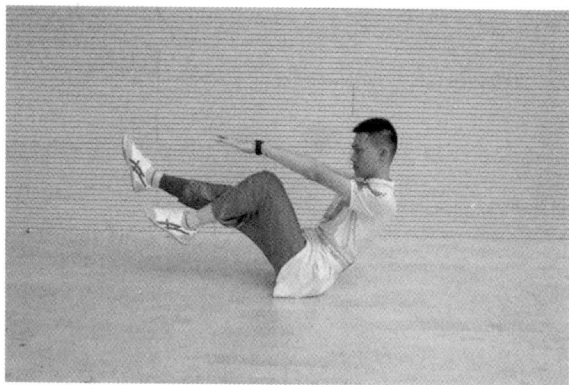

图4-4　腹部屈伸

2. 练习要求

在整个动作过程中，腹部肌肉应保持紧张状态。

3. 学练建议

（1）初学者可以从较少的次数开始，随着腹部力量的增加逐渐增加次数和组数。

（2）除了标准的腹部屈伸，还可以尝试旋转式、举腿等不同的变体以增加训练的多样性和挑战性。

（3）为了达到最佳的训练效果，应该保持规律的训练频率。

五、胯下击掌

1. *动作方法*

起始姿势，手从一侧的胯下穿过击掌，击掌后，将手还原到起始位置，换另一边重复上述动作（见图4-5）。

图4-5　胯下击掌

2. *练习要求*

根据自己的柔韧性调整动作幅度，不要强迫身体做出超出其自然范围的动作，在进行动作时，保持身体稳定，避免摇晃。

3. *学练建议*

（1）如果一开始无法完成击掌，可以先尝试单独增加上肢和下肢的柔韧性。

（2）定期练习可以帮助提高身体的柔韧性和协调性。

（3）建议在专业教练的指导下进行练习，以确保动作的正确性和安全性。

六、平板支撑

1. *动作方法*

面朝下趴在垫子上，双臂弯曲，手肘放在肩膀正下方，手掌平放在垫子上。双腿伸直或膝盖着地（根据难度选择），脚尖着地，推起身体至手臂和脚趾支撑身体，保持身体成一条直线，臀部不要翘起或下沉（见图4-6）。

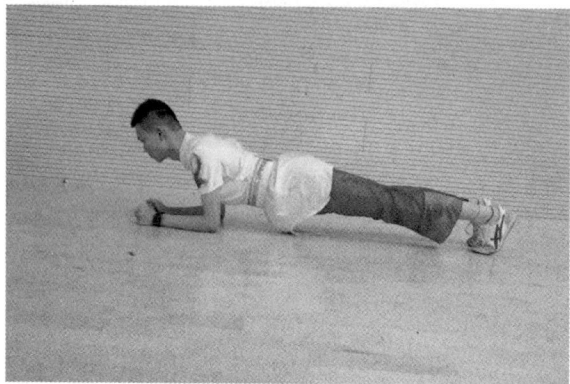

图4-6　平板支撑

2. 练习要求

确保身体从头到脚形成一条直线，眼睛看向地面，保持呼吸均匀，不要屏气。

3. 学练建议

（1）每天练习，逐渐增加持续时间，以增强核心稳定性和耐力。

（2）专注于深呼吸，有助于放松身体并提高表现。

（3）随着能力的提升，可以尝试侧平板支撑或其他变体来增加训练难度。

七、俄罗斯转体

1. 动作方法

坐在垫子上，膝盖弯曲，脚跟轻轻触地或抬起，呈平板支撑的腿部姿势，保持身体稳定。向后仰至大约45度角，确保背部挺直，不要弓背或塌腰，从腰部带动上半身，向一侧转动，尽量使手触碰到地面或接近膝盖，然后转向另一侧，重复进行（见图4-7）。

图4-7 俄罗斯转体

2. 练习要求

动作要缓慢而有控制，避免用惯性来完成动作，在整个动作过程中，要保持核心肌肉紧绷，确保动作的稳定性。

3. 学练建议

（1）对于初学者，可以使用较轻的哑铃或不使用任何重物，随着实力增强再逐渐增加重量。

（2）始终保持良好的姿势，避免为达到更大的扭转幅度而牺牲姿势的正确性。

（3）可以尝试不同的手臂位置或使用不同的器械来增加训练的难度和多样性。

八、推举

1. 动作方法

站立或坐在无靠背的凳子上，双脚与肩同宽，膝盖轻微弯曲。双手各持一个哑铃，手掌面向前，哑铃位于肩膀高度；保持背部挺直，用肩部和手臂的力量将重量向上推至头顶直至手臂伸直，核心肌肉保持紧张以稳定身体。在顶点位置稍作停顿，然后缓慢且有控制地将重量降回起始位置（见图4-8）。

图4-8 推 举

2. 练习要求

在整个动作过程中，保持腹部肌肉紧绷，确保身体稳定性；在推举时呼气，在降低重量时吸气。

3. 学练建议

（1）始终保持正确的姿势和技术，而不是追求使用过重的重量。

（2）定期进行推举可以锻炼肩部肌肉和提高整体上肢力量。

第二节 专项体能训练

一、游龙三分钟

1. 动作方法

龙珠引龙体快速左右曲线起伏行进（见图4-9）。

图4-9 游龙三分钟

2. 练习要求

在3分钟内，舞龙者需要保持动作的连贯性，使龙身流动自然，不能出现停顿或突兀的动作。

3. 学练建议

（1）先进行一段时间的基础体能训练，包括有氧运动、柔韧训练和力量训练等。

（2）掌握音乐节奏与动作的配合技巧。

二、快速原地"8"字形舞龙

1. 动作方法

龙头和龙珠向左侧地面方向舞动，到膝关节高度时，手腕用力向上起至头顶，再向右侧舞动，形成数字8的形状。龙把在头顶和身体两侧画数字8的形状，循环往复（见图4-10）。

图4-10　快速原地"8"字形舞龙

2. 练习要求

快速原地8字形舞龙要突出速度和力量，展现出龙的活力和气势。

3. 学练建议

（1）将队员分成若干小组，分别进行不同部分的练习。

（2）适当增加难度和挑战性，如提高舞动速度、增加动作复杂度等。

三、矮步跑圆场

1. 动作方法

龙珠引龙体快速矮步跑圆场（见图4-11）。

图4-11　矮步跑圆场

2. 练习要求

保持一致的步高和步伐，矮步动作需要与小起伏的流畅动作相结合，使龙身在跑动中更加生动和活泼。

3. 学练建议

（1）先分步学习矮步、跑动和圆场等基本动作。

（2）可以适当增加难度和挑战性，如设置障碍物、改变音乐节奏等。

第 五 章

舞龙运动损伤的
预防与处理

和其他运动一样，舞龙运动也存在一定的损伤风险。损伤的原因通常包括准备不充分、技术动作不规范、身体素质不足、安全意识不强等。本章主要介绍舞龙运动中常见的损伤类型、成因、处理方法和预防措施。

第一节　舞龙运动中的常见损伤类型

舞龙运动中常见的损伤包括：关节韧带损伤、肌肉挫伤、肌肉劳损和肌肉拉伤。

一、关节韧带损伤

关节韧带的损伤主要发生在踝、腰、膝、腕、肘、指等处，多表现为韧带损伤、关节脱位等。

二、肌肉挫伤

肌肉挫伤是由身体互相碰撞、身体与硬物碰撞、摔伤造成的，多发于踝、腿、膝、肘等部位。

三、肌肉劳损

肌肉劳损是一种慢性闭合性损伤，主要是由于肌肉长时间的工作或兴奋且来不及恢复造成的。肌肉劳损主要出现在腰肌、上臂肌、大腿肌。舞龙运动是一项大运动量、高强度的运动，且在做动作时经常重复练习某一动作或套路，这样会导致一些肌肉长时间牵引、收缩、摩擦。当这些作用力超过组织细胞的生理负荷时，就会影响局部肌肉的生理机能，造成肌肉劳损。

四、肌肉拉伤

在舞龙运动中，训练中动作幅度过大、准备活动不充分、注意力不集中、动作不正确都可能造成肌肉拉伤。

第二节 舞龙运动中的损伤成因

在舞龙运动中，运动损伤的成因主要有以下几点。

一、身体失衡

如果队员对专项训练的技能动作不熟悉、训练的方法不合适，那么在做置空动作时，就容易因失衡造成运动损伤。

二、配合失误导致跌落、碰撞

舞龙运动是一项集体项目，需要10名队员默契配合、团结协作来完成动作。在训练一些复杂动作时，个人注意力不集中、麻痹大意、反应不及时都会导致配合失误，引发跌落、碰撞，造成运动损伤。

三、运动准备不足导致运动损伤

舞龙运动是一种高强度运动，如果参与者未能做好充分的运动准备，就会导致自身的运动器官和神经系统的兴奋性未能充分调动起来，肌肉、骨骼、韧带也处于一种消极、僵硬的状态。在这种情况下投入紧张的训练和比赛中，极易出现肌肉拉伤及关节、韧带损伤。

四、运动负荷过大

舞龙运动的项目特点决定了必须经过高强度、大负荷的长时间训练才能出成绩。训练负荷强度过大、在队员疲劳状态下仍进行高强度训练、带伤坚持训练都会诱发运动损伤。

五、缺乏安全保护

　　舞龙队员缺乏保护意识，在训练过程中没有对易损伤部位采取一定的保护措施，或在出现轻度损伤后没能引起重视，继续带伤训练，都会导致运动损伤。

第三节　舞龙运动中的损伤处理方法

一、闭合性损伤的处理方法

（一）韧带扭伤的处理方法

停止锻炼，立即冷敷，加压包扎，高抬伤肢并休息。24—36小时后需热敷，同时进行恢复性练习。

（二）肌肉拉伤的处理方法

早期用冷敷加压包扎，把患肢放在高处，使受伤肌肉松弛，以减轻疼痛。48小时后开始按摩，手法要轻缓。如果怀疑有肌肉、肌腱断裂，就要在局部加压包扎固定，立即送往医院就诊。

（三）肌肉痉挛（抽筋）的处理方法

如果小腿后群肌肉痉挛，就用双手握住脚掌，慢慢用力使足部背伸；如果足底肌肉痉挛，就要让脚趾和踝关节一起慢慢背伸，并保持这种背伸位2—3分钟。

二、开放性损伤的处理方法

（一）擦伤的处理方法

先用纱布蘸双氧水或碘酒清洗伤口，将含抗生素的软膏涂在纱布上，再将纱布覆在伤处。

（二）刺伤的处理方法

刺伤的伤口如果较深，又较脏时，除进行止血消炎、包扎外，还要去医院打破伤风疫苗，预防破伤风。

第四节　舞龙运动中的损伤预防方法

在舞龙运动中，预防运动损伤需要做到以下几点。

一、加强技术训练

教练需要不断提高专业训练水平，保证训练安排的合理性，包括训练安排的顺序、内容、负荷、方法等，并与运动员一起加强专项技术知识的学习，深入了解舞龙运动的各项理论和实践知识，提高专业技术水平，加强配合训练，达到较高的默契程度。

二、提升安全意识

把预防运动损伤建立在正确思想认识的基础上，防患于未然，不断增强自我保护意识。在平时训练时，要加强对易损伤部位的保护，同时学习各种运动损伤的应急处理方法。

三、做好准备活动

在训练或正式比赛中一定要充分做好一般性和专项性准备活动，以适应运动需要。

四、及时消除疲劳

在训练后做好放松活动，积极做好各项恢复性工作，劳逸结合，注意休息。

第六章

舞龙运动的评价标准

舞龙运动作为一种独特的表演艺术，其评价涵盖了多个方面，旨在全面衡量舞龙表演的质量与水平。本章主要介绍舞龙运动评价标准的主要内容与方法。

第一节　舞龙运动评价的主要内容

一、龙身舞动技巧

评价舞龙时，首要关注的是龙身的舞动技巧。这包括龙身的起伏、翻滚、盘旋等动作的流畅性和协调性。龙身舞动技巧的高低直接影响着舞龙的整体美感和动态效果。

二、队员形体动作

队员的形体动作是舞龙表演中不可或缺的一部分。队员需要展现出准确、有力的动作，与龙体舞动相协调。队员的体态、步伐、力量控制等都是评价的重点。

三、队形变化编排

舞龙表演中的队形变化是展示团队创意和协作能力的重要方式。评价者会关注队形的变化是否多样、流畅，是否能够有效地展示龙的形象和特点。

四、组图造型创意

组图造型是舞龙表演中的一大亮点，它要求团队在特定时间内完成具有创意和美观性的图案或造型。评价者会关注这些造型的创意性、美观性以及与龙的形象的契合度。

五、协作配合水平

舞龙运动是一项高度依赖团队协作的运动。评价者会关注团队成员之间的协作配合水平，包括动作的同步性、沟通的流畅性以及团队成员之间的默契程度。

六、表现力与感染力

舞龙表演不仅需要技巧，更需要情感的传递。评价者会关注表演者的表现力与感染力，是否能够通过舞龙表演传达出特定的情感或主题，吸引并感染观众。

七、音乐与节奏掌控

音乐是舞龙表演的重要组成部分，评价者会关注表演团队对音乐与节奏的掌控能力。这包括音乐的选择、与动作的配合度以及节奏感的把握等。

八、难度与创新程度

难度与创新程度是评价舞龙表演的两个重要指标。难度体现在动作的复杂性和挑战性上，而创新则体现在队形、造型、动作等方面的新颖性和独特性上。评价者会关注表演团队是否能够在保持传统韵味的同时，展现出新颖、独特的创意。

第二节 舞龙运动评分细则

一、裁判员扣分

（一）轻微失误（每次扣0.1分）

（1）龙体轻微打折。

（2）龙身运动与人体动作轻微脱节。

（3）人体造型动作不到位。

（4）躺地、起立时有附加支撑。

（5）组图造型转换不够紧凑，解脱不够利索。

（6）静态造型，龙体不饱满、形象不逼真。

（二）明显失误（每次扣0.2分）

（1）龙体运动各节速度不统一，出现塌肚或脱节现象。

（2）龙身运动幅度不统一，出现不合理的擦地。

（3）队员失误相撞、碰踩龙身、龙杆，龙体出现短暂停顿。

（4）队员上肩、上腿、搁脚、骑肩、叠背、滚背、挂腰等技术动作失误或滑落。

（5）龙体运动由动到静、由静到动转换松散。

（6）快舞龙时力量不足、速度不快。

（7）单一动作次数不足。

（三）严重失误（每次扣0.3分）

（1）动作失误，龙体出现不合理打结。

（2）运动员动作失误倒地。

（3）运动员动作失误脱把。

（四）其他失误

（1）器材落地，每次扣0.2分。

（2）器材损坏，扣0.3分。

（3）服饰落地，每件扣0.1分。

（4）教练员以信号、叫喊等方式提醒本队场上队员，每次扣0.1分。

二、裁判长扣分

（一）出界

运动员出界或踩线，每人每次扣0.1分。

（二）时间

动作不足或超出规定时间1秒至15秒，扣0.1分；动作不足或超出规定时间15.1秒至30秒，扣0.2分，以此类推。

（三）规定套路漏做，添加、改变动作

凡出现漏做动作，添加动作和改变动作顺序、路线、方向，每出现一次扣0.3分。

（四）重做动作

（1）运动队因客观原因，造成比赛套路中断，可重做一次，不扣分。

（2）因运动员受伤、器材损坏、伴奏音乐停止等主观原因造成比赛

中断，经裁判长许可，可申请重做，安排于该赛次最后一场，扣1分。

（五）违例

（1）参赛队员每超过1人，扣0.5分。

（2）舞龙自选套路登记表迟交者，扣1分。

（3）礼仪违例每出现一次扣0.5分。

（4）龙珠和运动员服饰与龙杆（佩戴号码除外）有夜光效果，扣0.5分。

（5）场内运动员号码佩戴不整齐，扣0.3分。

（6）规定套路队员与自选套路队员不一致，出现替换，每人扣0.5分。

民族体育运动汇编

青浦船拳

主　编　谷小兵

副主编　金　涛　韩振元

参　编　丁裕春　姜纯民

　　　　刘芳羽　王凤宇

上海交通大学出版社

SHANGHAI JIAO TONG UNIVERSITY PRESS

前　言

　　船拳是具有江南水乡特色的民间水上武术运动，是在船头上操练的传统武术。船拳的拳术和器械是当地人民智慧的结晶，丰富了中华武术的内容。上海市青浦区至今还保留着青浦船拳，延续着中华民族优秀的传统文化。本书主要向读者介绍青浦船拳，编写的宗旨是让读者对照本书能"看得懂，学得会"，使读者在掌握青浦船拳、强身健体的同时，激发读者对传统武术的兴趣，传承青浦船拳这一非物质遗产，促进武术文化更好的发展。

目　录

第 一 章

青浦船拳运动

青浦船拳是南拳的拳种之一，也是我国的传统武术。本章主要介绍青浦船拳的发展历程以及手型手法、步型步法、腿法，旨在帮助读者了解青浦船拳的历史、特点以及基本概念。

第一节 概 述

船拳是南拳中的一个拳种，因在江南水乡均有流传，亦称江南船拳。江南地区水系发达，船只是重要的交通和运输工具。船拳起源于古代水军在船头操练和水战的武术，后来被江南劳动人民逐渐发扬光大。青浦船拳是江南船拳的一脉，被江南船拳研究学习者归为江南水乡船拳文化的外围文化圈。青浦船拳在发展过程中吸收各派所长，内容丰富，主要包括杨家短打、梅花拳、岳家拳、五虎拳、牛角镗、木锁等拳械功夫。

青浦船拳是在船上练习与应用的技术，当地常见的民船船头面积仅一平方米左右，这一客观条件决定了青浦船拳的一招一式不能大开大合，窜、蹦、跳、跃，闪、辗、转、腾、挪的幅度也比较小。青浦船拳讲究来留去送，顺势回击，连消带打，步稳势烈，躲闪灵活。来留去送，即对方攻来先吞下其攻势、化解其力点；当对手要抽手逃脱时，连消带打，以四两拨千斤的巧劲和秋风扫落叶之势，顺势回击。该拳动作灵活、节奏明朗、落地生根、发力刚劲。

从2007年起，为了保护青浦船拳这一珍贵的非物质文化遗产，青浦区体育局开始重视船拳的挖掘与整理工作，特聘请青浦船拳传人华新镇凤溪社区的姜纯民和朱家角镇的丁裕春负责船拳的挖掘和收集等相关工作，为申报区级非物质文化遗产做准备。经过努力的挖掘和整理，2010年，船拳被列为青浦区非物质文化遗产保护项目。2013年，青浦区申报的"船拳"项目被列为上海市第四批非物质文化遗产代表性项目。

第二节 船拳的拳"型"与"法"

青浦船拳的"型"与"法"，具体指船拳武术手型手法、步型步法、腿法等基本训练技法。学习青浦船拳正是从这些基础动作开始学习和训练的。

一、手型手法的基本内容

青浦船拳的手型手法主要包括拳型拳法、掌型掌法和勾型勾法三种。正确掌握船拳运动中的手型手法对于攻防具有积极意义。因此，学习青浦船拳应从以下三个方面的基础开始。

一是拳型拳法，即拳型以及冲拳法、架拳格挡两种拳法。

二是掌型掌法，即掌型以及推掌、亮掌两种掌法。

三是勾型勾法，即勾型以及前勾手、后勾手两种勾法。

二、步型步法的基本内容

青浦船拳的步型步法包括以下内容。

一是步型：弓步、马步、虚步、仆步、歇步、丁步（共六种）。

二是步法：插步、击步、垫步（共三种）。

三、腿法基本内容

青浦船拳的腿法在实战中具有重要意义，主要包括：① 弹腿；② 蹬腿；③ 侧踹腿。

只有通过系统学习青浦船拳基础技能，全面掌握青浦船拳的基础动作的重点要点，才能为进一步提升自身的实战能力打下坚实基础。

第 二 章

青浦船拳的基本技法

武术基本功是武术运动的根本，对练习武术者是非常重要的。学练青浦船拳也是一样，要先抓好基本功才能有更好的发展。本章主要介绍青浦船拳的手型与手法、步型与步手法、腿法等三项基本技法。

第一节 手型与手法

一、拳型与拳法

（一）拳型

1. 拳头各部位名称

拳眼、拳心、拳面、拳背、拳轮（见图2-1）。

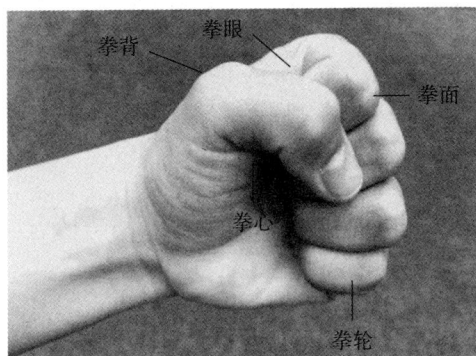

图2-1 拳 型

2. 动作方法

五指卷紧，拇指压于食指、中指第二指节上。

3. 动作要领

拳握紧、拳面平、直腕。

4. 易犯错误

拳面不平、屈腕。

5. 纠正方法

思考拳的攻防作用，多观察。

6. 学练建议

（1）对照图解模仿练习。

（2）同伴之间相互纠错。

（二）冲拳

1. 动作方法

两脚左右开立，两拳抱于腰间，拳心朝上，见图2-2（a）。右拳从腰间旋臂向前猛力冲出，力达拳面，目视前方，见图2-2（b）。

（a）　　　　　　　　　　（b）

图2-2　冲　拳

2. 动作要领

挺胸、收腹、直腰、出拳快速有力，做好拧腰、顺肩、急旋前臂的动作。

3. 易犯错误

（1）冲拳无力。

（2）冲拳力点不准。

（3）拳面不平、屈腕。

（4）拳从肩前冲出。

4. 纠正方法

（1）出拳时注意拧腰、顺肩、急旋臂、动作快速。

（2）加强击靶练习。

（3）体会拳在攻防中的作用。

（4）出拳时注意肘贴肋运行，使拳内旋冲出。

5. 学练建议

（1）开始练习时先慢慢做动作，不要用全力，注意动作的准确性，然后再逐步过渡到快速有力的动作。

（2）结合步型、步法做冲拳练习。

6. 技击对抗

（1）先单独练习击打报纸等软器材，再过渡到击打拳靶。

（2）待力量、准确性（力点）、控制力（自控能力）达到要求后，开始对抗击打练习。

（三）架拳格挡

1. 动作方法

预备姿势同冲拳，见图2-3（a）。右拳向右上方架起，拳眼向下，目视对手，见图2-3（b）。如果格挡手放低于脸和胸部时，就是中格挡动作。

2. 动作要领

松肩、肘微屈、前臂内旋，力达前臂外侧。

3. 易犯错误

（1）摆臂不顺，架拳不够稳健、舒展。

（2）经体侧架拳，动作路线不对。

4. 纠正方法

（1）架拳时注意拧腰、顺肩、急旋臂、动作快。

（2）通过格挡对方打来之拳，体会上架要求。

（a） （b）

图2-3 架拳格挡

5. 学练建议

（1）开始练习时先慢慢做动作，体会上架位置，然后再加快练习速度。

（2）结合步型、步法做架拳格挡练习。

6. 技击对抗

（1）先练习格挡报纸等软器材，再过渡到格挡手和拳靶。

（2）待力量、准确性（力点）、控制力（自控能力）达到要求后，开始对抗格挡练习。

二、掌型与掌法

（一）掌型

1. 手掌各部位名称

掌心、掌背、掌指、掌根、掌外沿（见图2-4）。

2. 动作方法

四指伸直并拢，拇指弯曲紧扣于虎口处。

3. 动作要领

掌心开展、竖指。

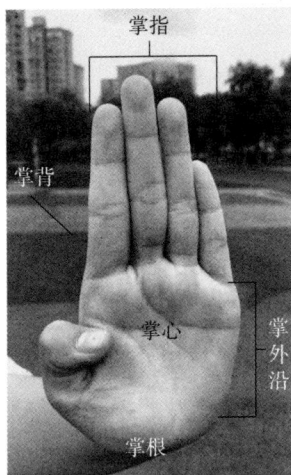

图2-4　掌　型

4. 易犯错误

松指、掌背外凸。

5. 纠正方法

体会掌的攻防作用。

6. 学练建议

（1）对照图解模仿练习。

（2）同伴之间相互纠错。

（二）推掌

1. 动作方法

推掌的预备姿势同冲拳，但右拳变掌，以掌外沿为力点向前猛力推出，目视前方（见图2-5）。

2. 动作要领

同冲拳，注意沉腕、翘掌、力达掌外沿。

3. 学练建议

（1）开始练习时先慢慢做动作，不要用全

图2-5　推　掌

力，注意动作的准确性，然后再逐步过渡到快速有力。

（2）结合步型、步法做推掌练习。

4. 技击对抗

（1）先单独练习推掌击打报纸等软器材，再过渡到击打拳靶；

（2）待力量、准确性（力点）、控制力（自控能力）达到要求后，开始对抗击打练习。

（三）亮掌

1. 动作方法

预备姿势同冲拳，见图2-6（a），抖腕亮掌，臂成弧形举于头上，目视左方，见图2-6（b）。

（a）　　　　　　　　　　（b）

图2-6　亮　掌

2. 动作要领

抖腕、亮掌与转头要同时完成。

3. 易犯错误

（1）亮掌以臂部动作为主，抖腕动作不明显。

（2）亮掌与转头不一致。

4. 纠正方法

（1）经常做抖腕练习，提高腕部的灵活性。

（2）亮掌时，教练用信号或语言提示练习者转头。

5. 学练建议

（1）先练习摆臂、抖腕、亮掌、转头动作，而后进行完整动作练习。

（2）结合步型、步法做亮掌练习。

6. 技击对抗

（1）先练习格挡报纸等软器材，再过渡到格挡手和拳靶。

（2）待力量、准确性（力点）、控制力（自控能力）达到要求后，开始对抗格挡练习。

三、勾型与勾法

（一）勾型

1. 勾手各部位名称

勾尖、勾顶（见图2-7）。

2. 动作方法

五指撮拢成勾，屈腕。

3. 动作要领

屈腕，指尖撮拢。

4. 易犯错误

松指，腕没有扣紧。

5. 纠正方法

体会勾手的攻防作用。

6. 学练建议

（1）对照图解模仿练习。

（2）同伴之间相互纠错。

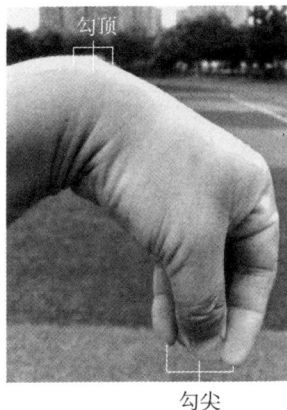

图2-7 勾 手

（二）前勾手

1. 动作方法

预备姿势同冲拳，屈臂屈腕五指成勾，手臂外翻，勾尖朝外，勾顶向内。

2. 动作要领

抖腕、勾手与转头要同时完成。

3. 易犯错误

（1）以臂部动作为主，屈腕动作不明显。

（2）勾手与转头不一致。

4. 纠正方法

（1）经常做屈腕练习，提高腕部的灵活性。

（2）做勾手动作时，教练用信号或语言提示练习者转头。

5. 学练建议

（1）先练习摆臂、屈腕、勾手、转头动作，而后进行完整动作练习。

（2）结合步型、步法做前勾手练习。

6. 技击对抗

前勾手主要用于防守拳掌的面部进攻，改变路线，可变为进攻。

四、后勾手

1. 动作方法

预备姿势同冲拳，向后摆臂，屈腕五指成勾，勾尖朝上，勾顶向下。

2. 动作要领

后摆臂、勾手与转头要同时完成。

3. 易犯错误

（1）以臂部动作为主，屈腕动作不明显。

（2）勾手与转头不一致。

4. 纠正方法

（1）经常做屈腕练习，提高腕部的灵活性。

（2）做勾手动作时，教练用信号或语言提示练习者转头。

5. 学练建议

（1）先练习摆臂、屈腕、勾手、转头动作，而后进行完整动作练习。

（2）结合步型、步法做后勾手练习。

6. 技击对抗

（1）先练习用后勾手格挡报纸等软器材，再过渡到格挡手和拳靶。

（2）待力量、准确性（力点）、控制力（自控能力）达到要求后，开始对抗格挡练习。

第二节　步型与步法

本节主要介绍青浦船拳的六种基础步型：弓步、马步、仆步、虚步、歇步、丁步，以及三种常用的步法：插步、击步、垫步。

一、步型

（一）弓步

图2-8　弓　步

（3）上体前倾。

4.纠正方法

（1）脚跟蹬地。

（2）挺膝后蹬。

（3）注意沉髋。

1.动作方法

前脚微内扣，全脚掌着地，屈膝半蹲，大腿呈水平状，膝部约与脚面垂直；另一腿挺膝伸直，脚尖内扣斜向前方，全脚掌着地，上体正对前方，两手抱拳于腰间（见图2-8）。

2.动作要领

挺胸，立腰；前腿弓、后腿绷。

3.易犯错误

（1）后脚拔跟或脚掌外掀。

（2）后腿屈膝。

5. 学练建议

结合手法做原地或行进间左右弓步，交替练习。

（二）马步

1. 动作方法

两脚左右开立约为脚长3—4倍，脚尖正对前方，屈膝半蹲，大腿呈水平状，眼看前方，两手抱拳于腰间（见图2-9）。

2. 动作要领

头正、挺胸、立腰、扣足。

3. 易犯错误

（1）脚尖外撇。

（2）两脚距离过大或太小。

（3）弯腰跪膝。

图2-9　马　步

4. 纠正方法

（1）强调脚跟外蹬。

（2）量出三脚距离后再下蹲。

（3）挺胸、立腰后再下蹲，膝盖不得超过脚尖。

5. 学练建议

原地做马步与弓步的转换练习，或结合手法进行练习。

（三）虚步

1. 动作方法

后脚尖斜向前，屈膝半蹲，大腿接近水平，全脚掌着地；前腿微屈，脚面绷紧，脚尖虚点地面（见图2-10）。

图2-10　虚　步

2.动作要领

挺胸、立腰、虚实分明。

3.易犯错误

（1）虚实不清。

（2）支撑腿蹲不下去。

4.纠正方法

（1）等支撑腿下蹲后，前脚尖再着地。

（2）脚尖外展，多做腿部练习。

5.学练建议

先做高姿势练习，再结合手法做正确动作。

（四）仆步

1.动作方法

一腿全蹲，大腿和小腿靠紧，臀部接近小腿，全脚掌着地，膝与脚尖稍外展；另一腿平铺接近地面，全脚掌着地，脚尖内扣（见图2-11）。

2.动作要领

挺胸、立腰、开髋，全脚掌着地。

3.易犯错误

（1）平铺腿不直，脚外侧掀起，脚尖上翘外展。

（2）全蹲腿未蹲到底，脚跟提起。

图2-11 仆 步

（3）上体前倾。

4.纠正方法

（1）平铺腿的脚外侧抵住固定物，以保持正确姿势。

（2）增加踝关节柔韧性，强调腿平铺时沉髋、拧腰。

（3）挺胸、立腰，然后再下蹲。

5. 学练建议

（1）先把姿势放高一些，再做正确动作。

（2）结合手法练习。

（五）歇步

1. 动作方法

两腿交叉屈膝全蹲，前脚全脚掌着地，脚尖外展；后脚跟离地，臀部外侧紧贴后小腿（见图2-12）。

2. 动作要领

挺胸、立腰、两腿贴紧。

3. 易犯错误

（1）两腿贴不紧，后腿膝跪地。

（2）动作不稳。

4. 纠正方法

（1）后腿膝关节穿过前腿膝腘窝。

（2）前脚尖充分外展、立腰、两腿贴紧。

5. 学练建议

先做高姿势练习，待熟练后再逐渐压低身姿。

图2-12 歇 步

（六）丁步

1. 动作方法

两腿半蹲并拢，一脚全脚掌着地支撑，另一脚停在支撑脚内侧相靠，脚尖点地（见图2-13）。

2. 动作要领

挺胸、立腰、两腿贴紧。

图2-13 丁 步

3. 易犯错误

（1）重心偏离。

（2）上体不直，翘臀。

4. 纠正方法

（1）把重心放在支撑脚掌。

（2）靠墙练习、同伴互助练习。

5. 学练建议

循序渐进地寻找姿态的平衡点。

二、步法

（一）插步

1. 动作方法

开步站立，两手叉腰，见图2-14（a），右脚向左脚后横插一步，两腿交叉，见图2-14（b）。

动作要领：跳起腾空时，保持上体正直并侧对前方。

（a）　　　　　　　　　（b）

图2-14　插　步

2. 易犯错误

插步幅度太小，撅臀。

3. 纠正方法

在地上划出插步点，插步时不要转胯或转身，保持躯干朝向正前方，注意沉髋。

4. 学练建议

先练习下肢动作，再配合手法练习。

（二）击步

1. 动作方法

预备姿势同插步，见图2-15（a），两脚前后开立，前脚蹬离地面，后脚向前以脚弓碰击前脚跟，见图2-15（b），后脚、前脚依次落地；目向前平视，见图2-15（c）。

（a）　　　　　　（b）　　　　　　（c）

图2-15　击　步

2. 动作要领

跳起腾空时，要保持上体正直并侧对前方。

3. 易犯错误

两脚不碰击。

4. 纠正方法

练习原地跃起两脚碰击动作。

5. 学练建议

先练习原地跃起两脚碰击动作，并逐渐增加向前上方跃起幅度；而后再进行行进间练习以及结合手法练习。

（三）垫步

1. 动作方法

预备姿势同击步预备姿势，见图2-16（a），后脚提起向前脚处落步，前脚以脚掌蹬地前跳落步，目向前平视，见图2-16（b）。

（a）　　　　　　　　（b）

图2-16　垫　步

2. 动作要领

跳起腾空时，要保持上体正直并侧对前方。

3. 易犯错误

两脚相碰，与击步混淆。

4. 纠正方法

前脚前移迅速，后脚踩踏前脚位置。

5. 学练建议

先练习原地两脚移位动作，再进行行进间练习并结合手法、腿法练习。

第三节　腿　法

武术谚语有云：“拳打三分难，脚踢七分易。”腿法的技击作用和价值是很大的。本节重点介绍青浦船拳重要的实战腿法：弹腿、蹬腿和侧踹腿。

一、弹腿

1.动作方法

支撑腿直立或稍屈，另一腿由屈到伸向前弹出。脚面绷平，力达脚尖，见图2-17（a）和图2-17（b）。

（a）　　　　　　　　（b）

图2-17　弹　腿

2.动作要领

收髋，弹击有寸劲，力达脚尖。

3. 易犯错误

（1）屈伸不明显，直腿摆动。

（2）力点不明显。

4. 纠正方法

（1）收髋、屈膝后再弹出。

（2）猛挺膝、绷脚面。

5. 学练建议

（1）逐渐增加弹腿高度。

（2）结合手法一起练习。

二、蹬腿

1. 动作方法

预备姿势同弹腿，脚尖勾起，力达脚跟，见图2-18（a）和图2-18（b）。

（a）　　　　　　　　　　　（b）

图2-18 蹬 腿

2. 动作要领

收髋，弹击要有寸劲，力达脚尖。

3. 易犯错误

（1）屈伸不明显，直腿摆动。

（2）力点不明显。

4.纠正方法

（1）注意脚跟外蹬。

（2）猛挺膝、绷脚面、脚跟前蹬。

5.学练建议

（1）逐渐增加蹬腿高度。

（2）结合手法一起练习。

三、侧踹腿

1.动作方法

预备姿势同插步，见图2-19（a）。右腿伸直支撑；左腿由屈到伸，脚尖里扣，用脚掌猛力踹出，高与腰平，上体倾斜；目视左侧方，见图2-19（b）。

（a）　　　　　　　　　　（b）

图2-19　侧踹腿

2.动作要领

挺膝、开髋、猛踹，脚外侧朝上、力达脚掌。

3.易犯错误

（1）脚尖朝上，成侧蹬腿。

（2）高度不够、收髋。

4. 纠正方法

（1）侧踹腿内旋后再踹出。

（2）上体倾斜，扶一定高度的物体，做侧踹腿练习。

5. 学练建议

（1）逐渐增加侧踹腿高度。

（2）手扶一定高度的物体，做侧踹腿的练习。

第 三 章

船拳体能锻炼方法

俗话说:"练武不练功,到老一场空。"体能是武术"基本功"的重要组成部分。只有通过锻炼提升自己的体能,才能将第二章中介绍的各种武术技法运用到位。本章主要介绍一般体能锻炼方法和青浦船拳的专项体能锻炼方法。

第一节　一般体能锻炼方法

一、原地慢跑

1.动作方法

原地并步直立。先抬左脚，跑时两臂屈肘，以肩为轴，前后协调有力摆动，腿前摆时积极，前脚掌着地缓冲而柔和，腿后蹬时下肢关节要积极蹬伸、送髋（见图3-1）。

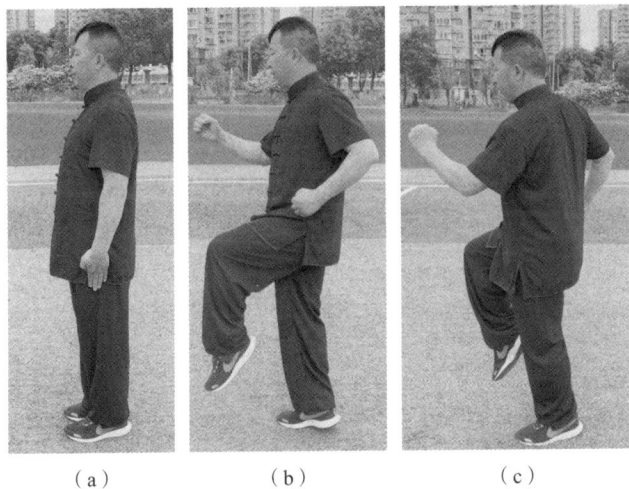

（a）　　　　　　　（b）　　　　　　　（c）

图3-1　原地慢跑

2.练习要求

头正项直，身体稍前倾，重心起伏不要大，全身上下内外尽可能放松，肩下沉，呼吸时要自然深长。

二、原地后踢跑

1. 动作方法

预备式同原地慢跑。先抬左脚，跑时两臂屈肘以肩为轴前后协调有力摆动，摆动腿大小腿折叠，其脚后跟向自己的臀部方向踢击，然后快速放松用前脚掌着地缓冲而柔和，左右脚循环行进间重复进行（见图3-2）。

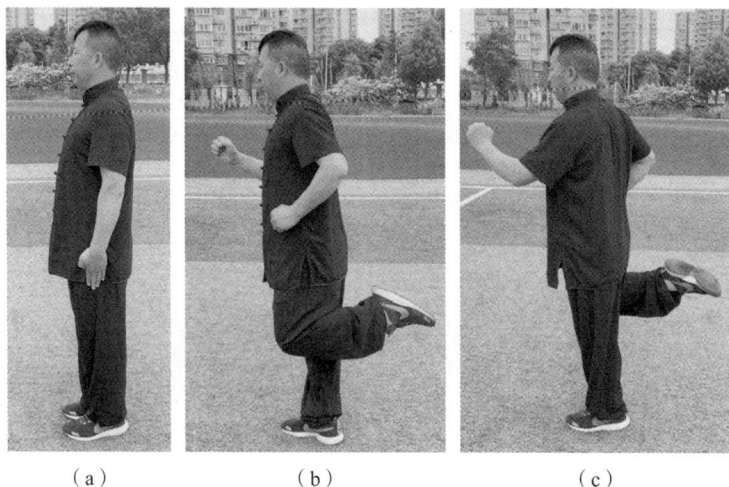

（a） （b） （c）

图3-2 原地后踢跑

2. 练习要求

后踢时，脚后跟最终的目标是接触到臀部，快速后踢。

三、原地左右外踢跑

1. 动作方法

预备式同原地慢跑。先抬左脚，两臂屈肘，以肩为轴，前后协调有力摆动，摆动腿大小腿折叠，对应的脚外侧向外向上踢，同时同侧手掌与上踢的外脚背相击，随后快速放松，用前脚掌着地缓冲，左右脚循环做这一动作（见图3-3）。

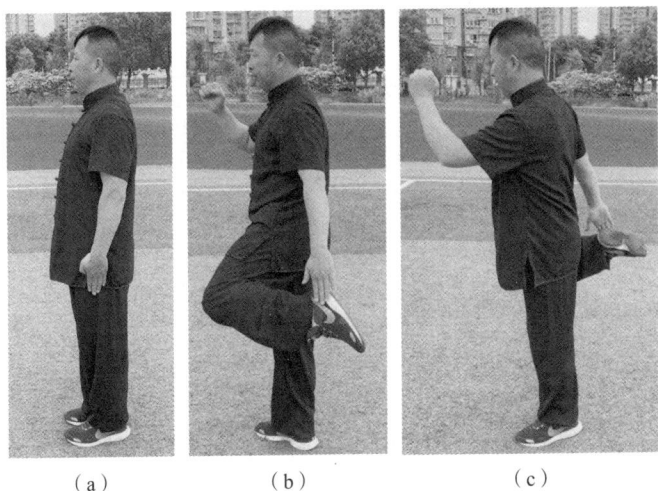

（a）　　　　　　　（b）　　　　　　　（c）

图3-3　原地左右外踢跑

2. 练习要求

左抬腿时回头看左脚，右抬腿时回头看右脚，呼吸自然，腰要大幅度扭转，同时要保持手、脚、头的协调性。

四、原地单腿跳跑

1. 动作方法

预备式同原地慢跑。先左脚跳，右膝高提，大小腿折叠脚尖下垂，左臂放松，由体侧向上扔；右臂放松，由体侧向后摆。落地时，脚掌先着地，屈膝缓冲，左右交替进行（见图3-4）。

2. 练习要求

提右膝时，头向右转90度，双目平视；提左膝时，头向左转90度，双目平视。

五、原地直腿跑

1. 动作方法

预备式同原地慢跑。先抬左腿，左腿绷直向前，前脚掌落地后，抬

（a）　　　　　　（b）　　　　　　（c）

图3-4　原地单腿跳跑

右腿，右腿绷直，两臂自然前后摆动，目视前方，左右交替进行（见图3-5）。

2. 练习要求

速度要先慢后快，呼吸自然。

（a）　　　　　　　　（b）　　　　　　　　（c）

图3-5　原地直腿跑

第二节 专项体能锻炼方法

一、行进间举臂扭腰

1. 动作方法

十指相扣，掌心向下，置于小腹前，两臂伸直，两脚并步，两腿直立；自然行走，两手相扣保持不变，双臂从腹前向上举臂至头上，吸气，看手，以腰为轴；上左脚时向左扭腰，目视左脚跟，上右脚时向右扭腰，目视右脚跟（见图3-6）。

（a）　　　　　　（b）　　　　　　（c）

图3-6　行进间举臂扭腰

2. 练习要求

此动作主要活动腰的两侧肌群和颈部，锻炼手指和手腕的柔韧性。

整个过程要配合呼气，坚持把气吸满，把气呼完，提高心肺机能。

3. 学练建议

四次为一组，交替进行。

二、行进间弓步冲拳

1. 动作方法

并步直立，左手握拳小臂前伸（配合冲右拳时拉伸），右拳收于腰间。上左脚成左高弓步冲右拳，左拳收于腰间；上右脚成右高弓步冲左拳；左右交替进行（见图3-7）。

|（a）|（b）|（c）|

图3-7 行进间弓步冲拳

2. 练习要求

弓步的前腿大小腿夹角大于等于90度，弓步的高度以容易起身连接下一个动作为宜，后脚脚跟着地，脚尖内扣，目视前方。

3. 学练建议

行进距离适中，冲拳击打有力度和速度，上下肢要协调，脚蹬地为力的起源，拧腰、顺肩、拧腕为助力，力达拳面。

三、行进间仆步穿掌

1. 动作方法

身体侧向行进，手掌于胸前呈十字交叉抱掌，目视行进方向；先出左脚成左仆步，同时穿左掌（左掌尖从胸前向下沿着左腿向前穿掌）和右穿掌（右掌尖从胸前向后穿掌，掌尖高于右肩）；重心前移起身左转体180度，右脚并左脚，两掌交叉抱掌于胸前，目视行进方向。左右交替进行（见图3-8）。

（a）

（b）

图3-8　行进间仆步穿掌

2. 练习要求

仆步的前腿要伸直，全脚掌着地；后腿大小腿折叠，脚后跟着地，穿掌有力。

3. 学练建议

行进距离适中，穿掌节奏分明，上下肢要协调，分掌慢穿掌快，手到脚到。

四、行进间蹬腿推掌

1. 动作方法

两脚前后开立，以左脚在前为例，右臂前伸立掌，左拳抱于腰间，目视行进方向；右腿向前蹬出，同时推左掌；右脚掌向前着地后，左腿向前蹬腿，同时推右掌；目视行进方向，左右交替进行（见图3-9）。

2. 练习要求

蹬腿先提膝、送髋，脚尖向后勾起，力达脚跟，脚的高度过髋。

3. 学练建议

行进距离适中，蹬踢动作要规范，蹬腿和推掌要协调，手到脚到。推掌要快速，力达掌沿。

（a）　　　　　　　　（b）

（c）　　　　　　　　　　（d）

图3-9　行进间蹬腿推掌

五、行进间弹腿冲拳

1.动作方法

两脚前后开立，以左脚在前为例，右臂前伸握拳，左拳抱于腰间，目视行进方向；右腿向前弹出，同时冲左拳；右脚掌向前着地后，左腿向前弹出，同时推右掌；目视行进方向，左右交替进行（见图3-10）。

（a）　　　　　　　　　　（b）

（c）　　　　　　　　（d）

图3-10　行进间弹腿冲拳

2. 练习要求

弹腿，先提膝，送髋，绷脚面，力达脚尖，脚的高度过髋。

3. 学练建议

行进距离适中，弹踢动作要规范，弹腿和冲拳要协调，手到脚到。冲拳要快速，力达拳面。

第四章

船拳操与十四式套路

青浦船拳作为传统武术，较为偏重实战。为了使青浦船拳更好地适应青少年体育锻炼的需求。本书作者对青浦船拳的招式进行了调整和改变，创造了船拳操与十四式套路，以更好地向青少年群体普及青浦船拳。

第一节　船拳操

本节依据民用船上练拳的特点，从青浦船拳基本功中选取部分精要动作，创编了《船拳操》。这套拳操注重体现船拳的"步稳势烈、来留去送、上下兼顾、顺势回击，连消带打"的技法特点，并以此技法特点命名了五节船拳操。这套操简单易学实用，可以单练，也可以集体演练。船拳操既可以增强练习者的体质，提高技能，也可以促进青浦船拳的精髓发扬光大。

一、行礼：起势

1.动作方法

并步直立，两臂自然垂于体侧，目视对方。两臂斜前45度上举，左掌掌心贴右拳拳面于胸前环抱，左掌掌指朝上，右拳拳心向下，目视前方。两臂回落于体侧，目视对方（见图4-1）。

（a）　　　　　　　　　　（b）　　　　　　　　　　（c）

图4-1　行礼：起势

2.动作要领

抱拳礼时两臂屈成圆弧状，挺胸收腹，干脆利索。

3.易犯错误

（1）拳心外翻或内翻。

（2）抱拳礼时拳掌离胸部太近或太远。

4.纠正方法

（1）注意拳心始终向下。

（2）抱拳礼时两臂弯曲约135度，成环圆状。

二、步稳势烈

1.动作方法

第一个8拍摆臂踏步，左脚先踏，前臂尽量摆到与肩平，后臂摆过腰，第8拍收回左脚并步直立，双手自然放于体侧，目视前方；第二个8拍开步推掌。1/2拍开右脚成开立步抱拳，3/4拍右手不动、冲左拳（平拳，拳面朝前，拳心向下）击打对方的心窝方向，5/6拍右掌前击（立掌，掌指朝上、掌心向前）击打对方的心窝方向，左拳抱于右侧腰间。7/8拍收回右脚成并步直立，目视前方（见图4-2）。

2.动作要领

踏步要有力，两臂伸直摆动，挺胸收腹。出手的过程迅速、有力，

（a）　　　　　　（b）　　　　　　（c）

（d）　　　　　　　　（e）　　　　　　　　（f）

图4-2　步稳势烈

冲拳力达拳面，推掌力达掌沿。

3. 易犯错误

（1）屈腰，屈臂摆动。

（2）前臂过低，后臂不过腰。

（3）拳和掌的拇指位置不对。

（4）抱拳时耸肩，两肘没有内收。

4. 纠正方法

（1）挺胸，直臂摆动。

（2）注意保持安全距离。

（3）"拳"拇指压于食指和中指的第二指节上；"掌"拇指紧扣于虎口。

（4）多练沉肩，屈肘夹紧的动作。

三、来留去送

1. 动作方法

1/2拍左脚向左成开立步抱拳；3/4拍左手不动，右臂手腕外翻在体前做外格挡，格挡手过肩，拳心向前；5/6拍向前冲左拳，拳面朝前，拳心向下，右拳收于腰间，7/8拍收回左脚并步直立，目视前方（见图4-3）。

（a）　　　　　　　　　　（b）

（c）　　　　　　　　　　（d）

图4-3　来留去送

2. 动作要领

格挡时手腕外翻，力达前臂内侧肌肉；冲拳时以腰带臂，力达拳面。

3. 易犯错误

（1）格挡腕关节不外翻，格挡时手不过肩。

（2）冲拳力量小。

4. 纠正方法

（1）注意外翻的时机，格挡时手要过肩。

（2）蹬地、拧腰、以肩带臂。

四、上下兼顾

1. 动作方法

1/2拍左脚向左成开立步抱拳，3/4拍左手不动、右掌架于头上，5/6拍右掌不动、提左膝向前弹踢，7/8拍收回左脚并步直立，双手自然放于体侧，目视前方（见图4-4）。

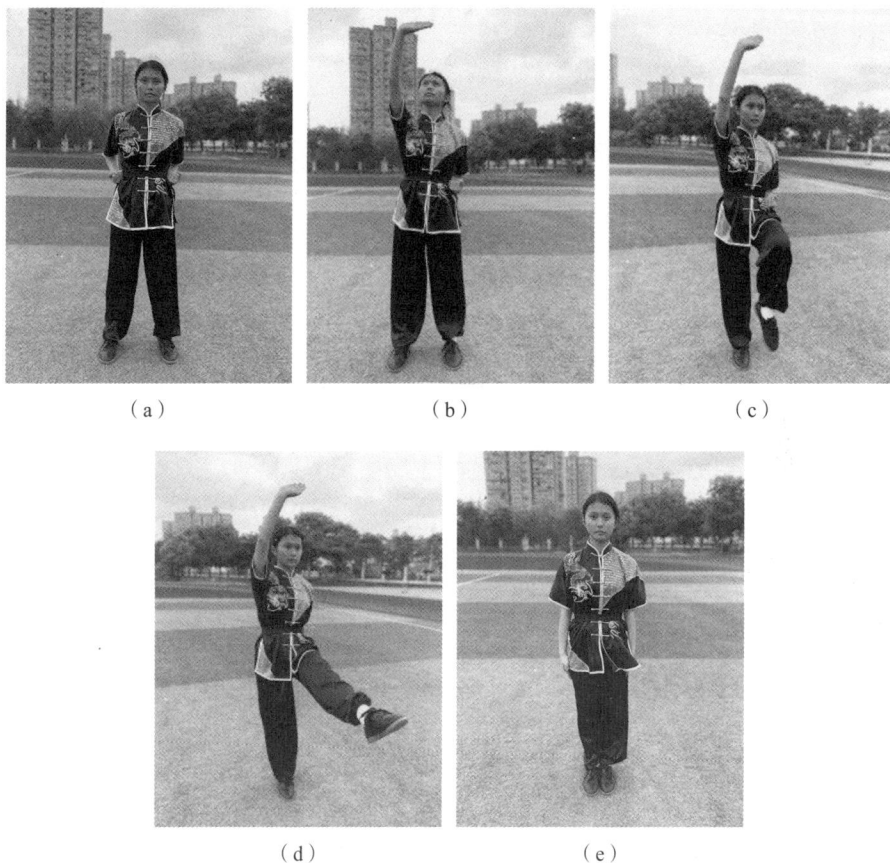

（a）　　　　　　　　（b）　　　　　　　　（c）

（d）　　　　　　　　（e）

图4-4　上下兼顾

2. 动作要领

架掌屈腕外翻，力达前臂腕后10厘米左右处；提膝弹腿，踢腿高度过髋，保持身体重心平衡。

3. 易犯错误

（1）架掌不翻腕。

（2）弹踢不提膝。

4. 纠正方法

（1）注意翻腕，力点在前臂内侧的肌肉上。

（2）训练时强调提膝的意义。

五、顺势回击

1. 动作方法

1/2拍左脚向左成开立步抱拳；3/4拍左拳不动，右手鹰爪前抓；5/6拍右手鹰爪回拉变拳收回腰间，上体向右拧转，左肘向前顶击；7/8拍收回左脚并步直立，双手自然放于体侧，目视前方（见图4-5）。

2. 动作要领

鹰爪前击力达爪指，回拉、拧腰、转体、屈臂顶肘一气呵成，肘击力达肘关节。

3. 易犯错误

（1）鹰爪不回拉。

（2）顶肘不拧腰转体。

（a） （b）

（c） （d）

图4-5 顺势回击

4.纠正方法

（1）讲解鹰爪回拉的意义。

（2）在练习过程中及时提示。

六、连消带打

1.动作方法

1/2拍左脚向左成开立步抱拳，3/4拍左手不动，右手按拦掌于体前，5/6拍左手直拳前击（立拳，拳眼朝上）、右掌收于左肘下方，7/8拍收回左脚并步直立，目视前方（见图4-6）。

2.动作要领

按掌时要力达掌心；拦掌时向内屈腕、力达掌根；推掌时注意立腕、力达掌沿。

3.易犯错误

（1）屈臂过大或过小。

（2）按拦推的力点不正确。

4.纠正方法

（1）注意屈臂的时机和定势的位置。

（2）强化动作要领。

（a）　　　　　　　　　　（b）

（c）　　　　　　　　　　（d）

图4-6　连消带打

七、行礼：收势

动作方法、注意事项等同行礼：起势。

第二节　十四式简化少林梅花拳

　　"少林梅花拳"是青浦船拳的代表性的经典套路，笔者结合读者的学习能力，遴选了其中十四式，创编了《十四式简化少林梅花拳》，本拳术以"易懂、易学、实用，尽量保证传统的动作名称特色"为创编原则，确保能够适合读者学习青浦船拳、强身健体的需求。

一、行礼：抱拳礼

1.动作方法

　　并步直立，右手握拳左手立掌，虚掩拳面，呈抱拳礼姿势，保持1—2秒钟后双手自然放回体侧呈立正姿势，准备开始练习（见图4-7）。练习口令：预备—敬礼—礼毕。

（a）　　　　　　　　（b）　　　　　　　　（c）

图4-7　抱拳礼

2. 动作要领

眼睛注视前方，双臂椭圆形与胸口齐，两肘架平，微含胸收腹，身体重心在两脚掌。

3. 易犯错误

（1）两肘架得太高或太低。

（2）左掌与右拳面靠得太近。

4. 纠正方法

（1）两肘架平。

（2）左掌虚掩右拳面。

5. 学练建议

（1）依据动作要领，自己对照镜子练习。

（2）根据纠正方法，同伴之间互助练习。

二、第一式：拳出少林

1. 动作方法

出左脚成开立步两侧穿掌，目视右方；两臂上行，目视前方；两臂经头上合掌；合掌下行定于胸前；分掌上行；分掌成侧平举，目视左方；收左脚呈立正姿势（见图4-8）。

2. 动作要领

眼随手动，穿掌要快，合掌缓慢，分掌有力，开步与肩同宽。

3. 易犯错误

（1）身体紧绷不自然，肢体伸展不充分。

（2）眼与手分离。

4. 纠正方法

（1）身体自然，充分伸展，配合呼吸。

（2）眼随手动。

5. 攻防含义

穿掌打两边，合掌夹击拿捏关节，攻中有防，防中有攻。

（a）　　　　　　　　（b）　　　　　　　　（c）

（d）　　　　　　　　（e）　　　　　　　　（f）

图4-8　拳出少林

（a）1/2拍　（b）3拍　（c）4拍　（d）5拍　（e）6拍　（f）7/8拍

三、第二式：关公捋须

1. 动作方法

下肢不动，双手从两体侧朝右斜上方提双掌，慢慢转正身体，弹性下蹲，双掌成捋须式，慢慢向下捋须，同时慢慢起身，双手按于体侧定时，目视前方（见图4-9）。

2. 动作要领

眼随手动，收腹提膝，提掌迅速，直臂上举高于头，合掌缓慢。

（a）　　　　　　　　　　（b）

（c）　　　　　　　　　　（d）

图4-9　关公捋须

3. 易犯错误

（1）双掌及拇指松软无力。

（2）眼与手分离。

4. 纠正方法

（1）双掌及拇指分立而紧。

（2）眼随手动，定势随势。

5. 攻防含义

近身时，两掌向上猛打对手的脖子、下巴或太阳穴；捋须下按以防守对方的拳脚进攻。

四、第三式：武松脱铐

1.动作方法

左脚上半步，上右脚上步震脚与左脚成并步，双手从体侧至胸前成"十字手"式，目视前方，用力快速向两侧方向十字分掌，向左甩头，目视左手（见图4-10）。

（a）　　　　　　　　　　（b）

图4-10　武松脱铐

2.动作要领

眼随手动，收腹架掌，分掌迅速有力，力达掌沿。

3.易犯错误

（1）没有震脚，分掌无力。

（2）眼与手分离。

4.纠正方法

（1）将震脚作为发力的起点和源头。

（2）眼随手动，定势随势。

5.攻防含义

主动上前迎架防守对方的拳脚攻击，快速有力地击打两侧的对手。

五、第四式：海底捞月

1. 动作方法

左脚后退半步，撩左掌，目视左掌，右掌置于胸前；双臂走立圆，定于侧平举，眼随手动，左脚不动，右脚向后上半步，双臂继续走立圆。右手变拳做抄拳动作，左手附于肘内侧，右腿顺势成右跪步（见图4-11）。

2. 动作要领

眼随手动，上下联动，上肢走立圆，下肢顺势而动，抄拳迅速有力。

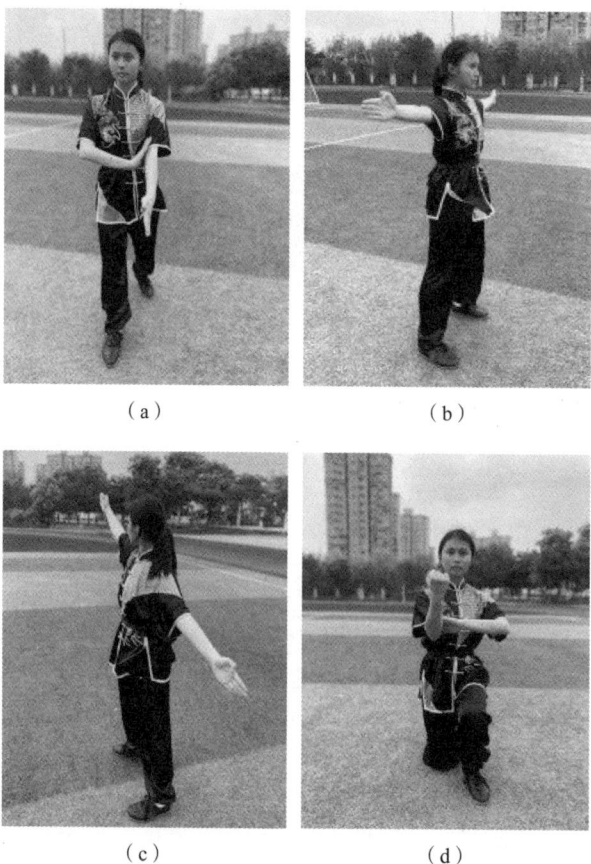

（a）   （b）

（c）   （d）

图4-11　海底捞月

3.易犯错误

（1）上体翻身没有成立圆。

（2）翻身抢劈前勾手没有劲力。

4.纠正方法

（1）步法移动与翻身配合好，立圆运动速度快，利于进攻。

（2）劲力与速度是相互转化的，两者是技击能力的关键。

5.攻防含义

退步向上撩掌防守敌人的上下肢攻击，上肢立圆而动防中有攻，迅速有力抄拳可以视情况击打对手的下巴、心窝或裆部。

六、第五式：童子拜佛

1.动作方法

缓慢起身，右脚向前活步，同时双手成掌，左侧平举向右穿掌，目视右掌。随后右脚后扣左腿膝窝，左腿屈膝至半蹲位。双手变掌经两侧于胸前成合掌式（见图4-12）。

2.动作要领

眼随手动，起身缓慢，扣脚要保证身体平衡。

（a）　　　　　　　（b）

图4-12　童子拜佛

3. 易犯错误

（1）单腿独立不稳定。

（2）手眼分离。

4. 纠正方法

（1）扶墙、柱子或在他人辅助下练习。

（2）眼随手动，定势注视。

5. 攻防含义

起身同时左侧平举两侧穿掌，扣脚，是防守对手向身体两侧和右腿的攻击；胸前合掌是拿住对手的腕关节和腿部。

七、第六式：左右合盘

1. 动作方法

右脚向前放成右虚步，合掌手成抱球式于身体右侧，左上右下；右脚向左微侧滑，抱球手换手，右上左下成抱球式；原地挑换步成左虚右侧抱球，左上右下（见图4-13）。

2. 动作要领

眼随手动，起身缓慢，放脚要保证身体平衡，抱球上手不高于胸，下手不低于腰，跳换步时要轻盈。

（a） （b） （c）

图4-13 左右合盘

3. 易犯错误

（1）上肢、腰部和下肢不协调。

（2）手眼分离。

4. 纠正方法

（1）先分解练习单个动作，再练习组合动作。

（2）眼随手动，定势要注视对手。

5. 攻防含义

左右合盘用来拿住对手的拳脚关节，跳换步是预防对方攻击下肢。

八、第七式：震地推山

1. 动作方法

左腿支持独立，扣右腿，双手额上击掌，震右脚扣左腿，双手从上至下，双劈掌成侧平劈掌，双掌收于腰间，掌指向下，上左脚成左弓步双推掌（见图4-14）。

2. 动作要领

额前击掌要响亮，调换步要有力度，推掌迅速有力。

3. 易犯错误

（1）额前击掌无力，震脚和分掌不协调。

（2）手眼分离。

（a）　　　　　　　（b）

（c）　　　　　　　　　（d）

图4-14　震地推山

4.纠正方法

（1）了解抗击打能力的重要性，先分解练习单个动作，再练习组合动作。

（2）眼随手动，定势要注视对手。

5.攻防含义

左右额头击掌用来防御对方的劈掌和劈腿，拿住对手的手脚关节。方掌是防守，双手向前快速有力推掌，双脚可以做成高弓步。

九、第八式：移星换斗

1.动作方法

上体向右后转成高弓步劈撩右掌，下肢成右弓步。左脚上步左掌变拳，由后向前上方撩拳，右掌附于左肘内侧，目视拳面（见图4-15）。

2.动作要领

转身撩掌要迅速，上步抄拳要连贯有力。

3.易犯错误

（1）重心过高或不稳。

（2）手眼分离。

4.纠正方法

（1）放低重心。

（a）　　　　　　　　　　　　（b）

图4-15　移星换斗

（2）眼随手动，定势要注视对手。

5.攻防含义

向右后转撩右掌防御身后对手的击打，向前上方抄拳击打对方的下巴、心窝或裆部。

十、第九式：硬弓满开

1.动作方法

右脚不动，左脚后撤半步成马步，左拳后引，右掌变拳前移至两拳相遇；左甩头观察身后的对手，猛顶肘，右甩头冲右拳，目视右拳（见图4-16）。

（a）　　　　　　　　　　（b）　　　　　　　　　　（c）

图4-16　硬弓满开

2. 动作要领

甩头和顶肘要协调有力，甩头和冲拳要同时发劲。

3. 易犯错误

手眼分离。

4. 纠正方法

眼随手动，定势要注视对手。

5. 攻防含义

近身顶肘击打对手的心窝、肋部或腹部，冲拳击打另一侧对手的胸部、心窝或腹部。

十一、第十式：青龙摆尾

1. 动作方法

微起身双拳变掌，右掌顺时针从下至上（上体先右转再左转）立圆抡臂两周，同时左掌配合右掌，先与右掌在胸前向下交叉一次（左掌下右掌上）然后左掌再做顺时针立圆从下至上抡臂一周，最后右掌向上抄掌左掌变拳收于腰间，定势骑龙步，目视右掌（见图4-17）。

2. 动作要领

抡臂走立圆，双臂协调配合，抄掌有力。

（a）　　　　　　　　（b）　　　　　　　　（c）

（d）　　　　　　　　　（e）

图4-17　青龙摆尾

3. 易犯错误

（1）上体翻身没有成立圆。

（2）翻身抢劈前勾手没有劲力。

4. 纠正方法

（1）步法移动与翻身配合好，立圆运动速度快，利于进攻。

（2）劲力与速度是相互转化的，两者是技击能力的关键。

5. 攻防含义

抢臂防御对手的拳脚攻击，同时用掌指来击打对方，抄掌击打对手的颈部，下巴或档部。

十二、第十一式：落地生根

1. 动作方法

起身，左拳抱于腰间不动，提右脚屈膝，下劈右掌，右脚上步撩右掌，下蹲成仆步按掌，目视右掌（见图4-18）。

2. 动作要领

提膝迅速劈掌有力，上步灵敏撩掌要快。

3. 易犯错误

（1）劈掌无力。

（a）　　　　　　　　　（b）　　　　　　　　　（c）

图4-18　落地生根

（2）仆步不稳。

4. 纠正方法

（1）劈掌发力的起源在脚，运行在肢体，发力击打点在掌沿。

（2）折叠腿尽量蹲下去，伸直腿用力前伸，重心在后腿。

5. 攻防含义

提膝防御对方击打右腿，劈掌是顺势击打对手的进攻手脚，上步撩掌是进一步击打对手，仆步按掌是防御对方的进攻。

十三、第十二式：霹雳旋风

1. 动作方法

起身成高马步，左甩头外架左掌，同时右掌抱拳于腰间，左掌抓手翻腕回拉，双脚蹬地逆时针旋转180度成马步，上肢做磕肘动作（顶右肘左掌附于右小臂外侧），目视右肘（见图4-19）。

2. 动作要领

架掌有力，顶肘快速。

3. 易犯错误

（1）跳转重心不稳。

（a）　　　　　　　　　（b）

图4-19　霹雳旋风

（2）顶肘无力。

4. 纠正方法

（1）练习保持重心。

（2）以腰带臂，力达肘关节。

5. 攻防含义

左掌外架防御对手向自己左侧进攻，左掌抓住对手的手腕（腕关节）或脚腕（踝关节）顺势用力跳转身翻转近身顶肘击打对方的腹部或肋部。

十四、第十三式：鹤停枝头

1. 动作方法

向左甩头撩右掌插左掌，同时提左脚屈膝回收成马丁步；接着右掌从前至上撩掌后立于胸前，左掌变成勾手（勾尖向下），同时左脚活步向前成虚步，目视勾手（见图4-20）。

2. 动作要领

提膝收脚迅速，撩掌有力，眼随右手而动，上下肢协调配合。

3. 易犯错误

（1）虚步重心太高。

（a）　　　　　　　　　　（b）

图4-20　鹤停枝头

（2）眼与手分离。

4.纠正方法

（1）想象在船上打拳，设法降低重心。

（2）眼随手动，定势成注视。

5.攻防含义

提膝收脚防御对方击打腿（脚），撩掌防御对手的侧面进攻，插掌防御另一侧对手的进攻，勾手用来防御对方的腿法攻击。

十五、第十四式：佛归山门

1.动作方法

左脚后退一步直立，右甩头双手变成掌向两侧穿掌，右脚并左脚同时双掌从两侧经下至上成V形上举；双掌由上至下经体前向下慢慢按掌于体侧（掌指向前），目视右方（见图4-21）。

2.动作要领

收脚并步轻盈迅速，穿掌有力，按掌缓慢，上下肢协调配合。

3.易犯错误

两臂下按时松软无力。

（a）　　　　　　　　　（b）　　　　　　　　　（c）

图4-21　佛归山门

4. 纠正方法

强调动作的攻防含义。

5. 攻防含义

退步穿掌防御对手的两侧进攻。

第 五 章

运动损伤的预防与处理

船拳对下盘的稳定性要求很高，因此对踝关节、膝关节和髋关节的稳定性要求较高，这三大关节承受的压力自然也会很大。如果练习船拳时不注意这些特点，踝关节、膝关节和髋关节就容易出现损伤，相对应的肌肉和韧带等也会被牵连。

第一节　船拳练习中常见的运动损伤与成因

一、常见运动损伤

（一）关节韧带损伤

此类损伤主要发生在踝、膝、髋关节等。这类常见的运动损伤主要是各关节活动幅度过大、受到突然过度的外力、缺乏保护等造成的。

（二）肌肉挫伤

身体互相碰撞、因动作方法错误摔倒、在练习高难度动作时缺乏自我保护，都可能导致肌肉挫伤。

（三）肌肉劳损

船拳是一项对平衡性要求较高的运动，而且会经常性地重复练习某一动作或套路，这样会使一些肌肉长时间的牵引、收缩、摩擦，当这些作用力超过肌肉组织细胞的生理负荷时，就会影响局部肌肉的生理机能，从而造成肌肉劳损。

（四）肌肉拉伤

准备活动不充分、注意力不集中、动作错误都会导致肌肉拉伤。练习者力量发展不均衡、训练中动作幅度过大等也可能造成自身肌肉拉伤。

二、运动损伤的常见成因

（一）身体失衡

有置空动作时，身体发挥不稳定失去平衡是船拳练习中最常见的身体失衡。对专项训练的技能动作不熟悉、掌握的训练方法不适合练习者，也会导致身体失衡。

（二）起跳时摔落

在船上练拳时，身体没能较好地随船而动，就容易在起跳时发生摔落损伤；在做起跳动作时，脚没能在船面上发力，也会造成摔落损伤。

（三）过度疲劳

在负荷强度过大，或疲劳状态下仍进行高强度训练或带伤坚持训练，就容易导致过度疲劳，进而引发运动损伤。

三、运动损伤的预防

（一）规范技术动作

掌握规范合理的技术动作。在学习船拳时，要认真听讲，看清楚老师的动作示范，观看教学视频时要专心细致，多体验规范的技术动作，避免运动损伤的出现。

（二）运动前准备活动充分

在训练或比赛前一定要充分做好一般性和专项性准备活动，充分活动开肌肉和关节，调节好身体器官，为适应训练、比赛的相关运动做好准备。

（三）合理掌控训练强度

练习船拳时，要合理把控运动量和运动强度，练习后要做好放松活动，及时消除疲劳，避免过度疲劳引发运动损伤。

（四）加强安全意识

加强运动安全意识教育，在思想上重视运动损伤的预防。

第二节　运动损伤的应急处理

一、运动损伤的处理原则

（一）停止运动，及时休息

运动损伤发生后，要立即停止运动，多加休息，这样才能更好地避免伤势加重，同时也可以有效地减少由于运动损伤导致的疼痛、出血或肿胀等症状。

（二）对伤处进行冷敷

在运动损伤早期要及时进行冷敷，这样可以使局部血管收缩，减少疼痛感，也可以尽量减少出血和水肿。通常可以用冰袋、冰棒进行冷敷，如果没有这些，可以用冷水浸湿毛巾，再对受伤部位冷敷，千万不要对伤口进行热敷。

（三）压迫伤处，抬高伤肢

对运动损伤患者的伤处进行压迫，能起到局部止血的作用。而抬高肢体可以减轻受伤部位的水肿程度。当然，这些应该量力而行，否则不正确的按摩手法会加重损伤。

（四）使用药物治疗

对于轻度运动损伤，在早期可以自己进行一些简单的处理，但如果伤情较严重，则需要适当地根据医生的指导运用一些药物，对伤处进行消肿止痛，退热舒筋。

二、船拳运动中常见损伤的应急处理方法

（一）运动损伤处理方法

韧带扭伤和肌肉拉伤的处理方法。发生这两种运动损伤，应停止锻炼，立即对伤处冷敷，加压包扎，高抬伤肢并休息，及时就医。

（二）小腿肌肉痉挛（抽筋）的处理方法

小腿肌肉痉挛时应马上握住抽筋腿的脚趾，用力向上拉，将腿部用力伸直，直到抽筋缓解。也可以用双手快速揉搓小腿，或用手拍打轻扣小腿肌肉，可帮助缓解肌肉痉挛。用热毛巾、热水袋敷于腿肚处，能有效促进肌肉的血液循环，缓解痉挛。

（三）擦伤的处理方法

发生擦伤时，需要先用纱布蘸满双氧水或碘酒清洗伤口，将含抗生素的软膏涂在纱布上，再将纱布覆在伤处。

（四）避免二次损伤

如果不小心在运动中发生了运动损伤，应急处理后一定要及时就医，避免二次损伤。